母職永不下班，但我累了

孩子的成長只有一次
媽媽的人生也是

泓舟 著

好評推薦

作者泓舟以一支溫暖的筆觸，寫進千千萬萬女性的心坎。女孩到女人，再到「人」這條路上，歷經許多角色（女兒、老婆、媳婦、媽媽、職業女性）的挑戰。

穿山越嶺後，方才明白先做好「一個人」的角色才能平衡所有角色。所以，學會尊重自己、看重自己、栽培自己、造就自己，所有的挫折感即可一一克服。

路途有點遙遠，但成長的方向不變，泓舟寫出了每個案例破繭而出的幸福。

——吳娟瑜（國際演說家、兩性專家）

關於母職的真實經驗，總是值得認識。

——許菁芳（作家）

本書呈現的母親群像如此真切鮮活，帶著切膚之感傳達出那些被漠視已久的期待、困頓與掙扎。作者從具體而微的生活肌理著手，延伸到社會結構與觀念的分析。精微的觀察，犀利的質疑以及審慎的思考，挑戰著固化的母職身分與傳統的兩性關係模式，同時也蘊含著朝向未來的新希望。

——劉擎（華東師範大學教授）

採訪日常，千倍難於採訪戰地，因為需要更大的耐心和更溫柔的體察。泓舟這份珍貴的社會觀察，展現了中國城市女性，作為母親的生命細節。卸下「偉大」的包袱，每一個人都在「發現問題——解決問題」中找到意料之外的可能性。

——周軼君（紀錄片導演、戰地記者）

作者序一

探討女性正在經歷與渴望的深刻對話

很開心我的書即將以繁體版與更多讀者見面，因為一些客觀原因，已有五年多未能造訪臺灣，這兩年間臺灣熱播的影視劇，尤其是涉及女性題材的作品，我格外關注，甚至如數家珍。這源於發自內心的好奇：當女性主義的風潮席捲全球，作為同樣深受儒家文化影響的兩岸社會，在育兒、婚姻和家庭等議題上，會呈現出怎樣不同的應對和敘事？

在中華傳統文化的深刻影響下，我們的家庭成員之間有著密不可分又複雜微妙的關係。家，既是充滿愛意的避風港，同時也是一個權力博弈和價值觀交鋒的場域。夫妻之間、父母與子女之間、兄弟姊妹之間，矛盾與張力往往不可避免。過去我們習慣用「忍」來迴避衝突，試圖用沉默掩蓋分歧。然而，愈來愈多人開始勇敢直面這些問題，反思傳統價值體系的侷限，試圖在舊有的關係裡探索和重建一個新的世界。

如今一幅更為多元的家庭圖景正在展開：在公園或遊樂場，年輕的爸爸陪伴孩子玩耍的場景不再罕見，那些曾經在育兒事務中「隱形」的父親，開始與妻子共同分擔家庭責任，這變化背後，是兩性對彼此角色期待的逐步更迭。「男主外，女主內」不再是家庭分工的唯一模板，愈來愈多人認識到，育兒不僅僅是母親的責任，讓父親更深入地參與進來，家庭中的權力與情感關係才能達到一個平衡點。透過新的合作模式，我們正在重新定義「家庭」的意義：它不再是被固化角色束縛的場所，而是一個彈性、共生、互助的共同體。

寫這本書的初衷，是想透過不同的母職狀態，重新審視「母親」這一角色。在當下社會，「職場媽媽」「全職媽媽」「單親媽媽」等標籤，構成了女性母職身分的主要定義方式。這些標籤不僅傳遞對母親角色的某種期待，也在無形中製造身分困境。而在女性主義風潮的語境下，「現代獨立女性應該如何」的倡導性論調，更是為她們增添了另一層迷惘與壓力。

在雙重夾擊之下，一些身處婚育階段的女性陷入了深深的矛盾：一方面渴望忠於自我的主體價值，另一方面卻不得不為了滿足家庭和社會的種種期待，而將自己客體化。她們的實際困境常常被忽略，微弱的聲音在宏大敘事中容易被稀釋：她們正在經歷什麼？哪些結構性因素限制著她們向前？她們需要怎樣的支持和幫助？這些問題不僅關乎女性個體，也關係到整個社會如何更好地理解和支持多元化的母職狀態。

在書中，我試圖呈現母親的多重面向：職場媽媽在工作和育兒之間分身乏術的掙扎，全職媽媽在看似安穩的生活中默默承受著孤獨感，單親媽媽在育兒責任與追求自我之間來回搖擺……這些真實的敘述，試著讓人們理解，當我們談起母親時，不僅有愛的光環，還有她們真實的喜怒哀樂。

我始終相信，「看見」是改變的第一步。我們需要的不是更多的口號和論調，而是認識她們的故事，理解她們的掙扎，這種「看見」是承認每一位女性的獨特性，而非試圖將她們納入某種統一模板，儘管性別的認知變革正在發生，深層次的挑戰依然存在於細微之處。

例如，社會對於「好母親」與「好父親」的要求仍然不對等，職場對育兒父親的支持力度也還遠遠不夠，想要在家庭的小範圍內實現真正意義上的平等，不僅需要個體的覺醒，還需要突破現有家庭結構、育兒政策與社會觀念中的種種侷限，這些系統性的變化，才是決定女性在母職中能否獲得幸福感的關鍵因素。

希望這本書能成為一面鏡子，讓母親們在其中看見自己的身影，也為那些期待成為母親的女性提供一個真實的參照，這本書不是一份告訴女性應該做什麼的捷徑指南，而是一段探討女性正在經歷什麼、渴望什麼的深刻對話。

二〇二五年一月
泓舟

目次 contents

「我一直試圖平衡一切，
而生活卻彷彿是咧開嘴的玩偶，
惡作劇般地嘲笑著我。」

「這樣或者那樣做，是不是一個好媽媽？」
她不再是她，是另一個被重組的人。
「我是不是太自私了，沒有考慮小孩的感受？」
她希望自己是一個全能的知識型媽媽。

第三章　永不下班的職場媽媽——069

在某種意義上，
她可能並不是一個「合格的」好媽媽，
甚至可能會得到這樣的指責——
「她總是在工作，不夠關心孩子」。

∞

第四章　沉重的離婚時代——105

她常常在情緒接近潰堤的時候，
逼著自己多想想兒子，
於是馬上又讓自己表現得像個女戰士，
守好兩人的堡壘，盡力讓愛充滿其間。

第五章　全職媽媽：沒有第二個選擇？——137

「孩子三歲之前由母親照料，能成長得更健康。」這一觀念的影響力非常之深遠，也讓許多女性因此在某種程度上失去了自由。

139　「從來沒想過會成為全職媽媽」
148　一次溫柔的提醒
153　「沒有第二個選擇」
160　「希望自己能早點獨立」

第六章　沒完沒了的母職——171

「我覺得老人們實際上是沒有什麼界限的，哪些是你應該管的，哪些你不應該管。包括家裡的陳設什麼的，他們都會插手管。他們覺得自己能侵入孩子的任何領域。」

174　「沒有什麼界限」
180　「她從來沒有試過別的人生」
188　「相當於半個媽媽」

第一章

看不見的選擇

「我一直試圖平衡一切，而生活卻彷彿是個咧開嘴的玩偶，惡作劇般地嘲笑著我。」

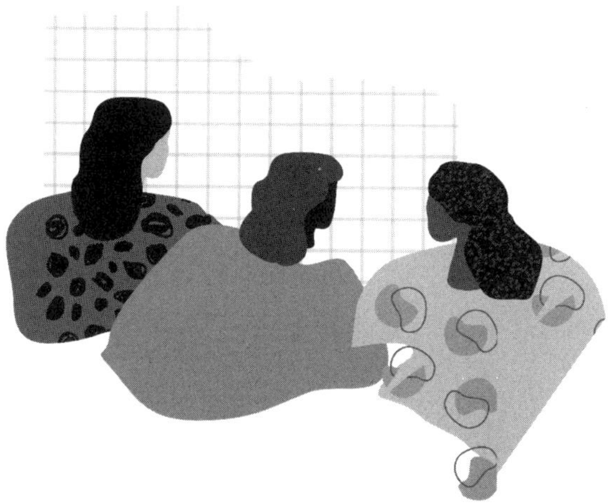

女人即母親。

對女性而言，這句話聽起來像是不容質疑的召喚。放眼周遭，我們看到很多活生生的例證。大多數女性確實完成了懷孕、分娩的整個過程，但很少人意識到，那是女性重新撰寫人生故事的分界點。我們習慣於歌頌母親的偉大，勝任母親這一身分是女性與生俱來的天賦，她們是孩子的主要照顧者、陪伴者，但是極少有人會在一位女性成為母親之前，願意坐下來，面對面，耐心地告訴她，今後要為之付出的代價，她們的生活重心將如何難以逆轉地改變。

多年前，一位事業上頗有成就的女性朋友對我說「永遠不要幻想平衡工作和家庭，那是不可能的」。彼時，我還沉浸於初為人母的喜悅和興奮中，尚存天真，認定自己可以安頓好生命中的每個角色，及其所賦予的多重責任。

一年、兩年、三年……為人母的時間愈長，我愈發感覺到個人空間被逐步壓縮。這不僅關乎時間管理，還有心與力的兩難。我一直試圖平衡一切，而生活卻彷彿是個咧開嘴的玩偶，惡作劇般地嘲笑著我。

我發現很多女性和我一樣，在潛意識裡，用日夜履行的母職為自己築起一道又高又厚的圍牆，把人生的可見性和可能性一分為二，卻無所察覺。可見的是，年復一年，生活裡不斷出現的困境，將家庭生活以外的可能性拒之門外。

當我們無法解決工作與家庭的矛盾時，只能繼續壓縮原本屬於自己的空間；當我們被迫放棄曾經的夢想和部分的人生，我們便努力說服自己接受，允許一切發生；當我們獨自走入狹窄的小巷，因為求助的聲音長久不被聽見，我們便選擇沉默。

我在自己和身邊的女性朋友身上體會到，當被拖入一條叫做「家庭」的河流後，我們便會身不由己地向前漂流，駛入更寬闊或是更狹窄的河道，甚或是停泊在任一處，這些似乎都由不得自己選擇。在急速變化的現代社會中，每個人都難以逃離無形的命運之手，而女性在面臨不確定和失序感時，似乎擁有更為敏銳的嗅覺。

為什麼是「她們」？

在本書中，我深入訪談了二十餘位工作、生活在城市的女性。[1] 在大眾的印象中，她們普遍擁有良好的教育背景，且有能力、有資源為孩子提供優質養育環境、教育條件和親子時光。然而她們在處理工作和家庭的矛盾時，有著難言之隱和迎面而來的兩難：「為了照顧孩子而不得不調整甚或放棄自己的職業理想」「在妻子、母親的身分之外，需要費盡心力才能保有作為獨立個體的價值」「為了成為一個好媽媽反覆陷入迷思——我這麼做，是不是太自私了？別人會怎麼看待我？」

訪談的過程中，受訪個案都不吝於分享，其中的幾位甚至說，「妳大膽問吧，我可以知無不言，言無不盡。」受寵若驚的同時，我思考她們為什麼願意敞開心扉，甚至主動觸碰這些涉及隱私的敏感議題。首先，最主要的原因是彼此的身分認同：我們都是女性，都是母親。不可否認，這是與她們訪談時先天的優勢——我會和個案分享自己在育兒中遭遇的困擾和棘手問題，從而喚起共感，我們之間的陌生界線也隨之消弭。她們會告訴我，自己成長在什麼樣的家庭，如何度過童年、少年時期，和父母之間的關係，曾經對於婚姻的期待以及為人母的心理變化……這些資訊看似和「成為母親」這件事關係並不緊密，但事實上，在講述過往經歷的過程中，她們能夠卸下防備，更為連貫地看待自己當下所扮演的角色。

如果每個人的多重身分都是由一段又一段環環相扣的經歷所組成，那麼母親這個角色在女性的生命中也從來不是憑空而來。如果忽略了她們和其他社會角色之間的關係，那麼女性的聲音也會難以真實地表達，其困境亦難以完整呈現。在完成一系列的研究調查和深度訪談後，我愈發相信，女性的個體敘述，也是構成我們生活的整個世界恢宏故事的一部分。

在很多人眼裡，女性似乎天生不具備梳理自我、準確表達自我訴求的能力，她們往往難以做出理性的判斷和選擇。譬如在影視作品裡，我們極少見到女性角色的大段獨白，即使有女性主動講述的部分，通常都被刻畫為聲淚俱下、歇斯底里的「非理性」場面，或是咬緊嘴唇、沉默不語、隱忍的無聲畫面，淪為推展劇情的過場。

事實上，在與訪談個案的深度交流中，我發現很多富有內省和思辨能力的女性，她們不僅能看到自己當下的處境，也願意嘗試從個體的母職經驗出發，並站在身邊人們，例如，丈夫、公婆、孩子、上司、同事等的角度去思考，從而去梳理、面對並嘗試走出困境，哪怕是薛西弗斯式的反覆循環，她們也始終不願放棄。她們在一段關係中、一個家庭中，經年累月重覆表達自己的需求，即便有時候看起來是抱怨、憤怒，讓她們就像是個閥值很低的壓力鍋——事實上這些都再再表示她們渴望被看見、被重視，希望得到尊重和有效益的支持。

家長裡短的生活瑣事，在很多人看來更適合出現在八點檔的電視劇中，並不值得被認真記錄。這樣的刻板印象影響著很多女性，她們好不容易鼓起勇氣，預備開口講述，卻由於心理上的障礙，而硬生生將話語往肚裡吞，繼續陷於糾結和失落中——畢竟自己遇到的問題是那麼瑣碎、微小、不值得討論，遑論得到理解和改變。在學術界也存在著同樣的觀念，英國社會學家安・奧克利（**Ann Oakley**）在《看不見的女人：家庭事務社會學》（***The Sociology of Housework***）一書中曾指出：

「在諸多社會學研究中，作為一個社會群體的女性，或者是隱匿不可見的，或者是表徵不足的：她們往往以鬼魂、影子或是刻板印象等，這樣的無實質形態存在。」[2]

這也構成寫作本書的初衷：希望每位女性都能夠在願意開口的時候，不會因為在意外界評價而選擇沉默。講述她們為人母的經歷，以及在此期間遇到的具體問題，讓親近的人和有著相似困擾的陌生人聽見，這或許很難從本質上帶來立竿見影的改變，卻已然邁出了重要一步。

不論是講述還是紀錄，都是為了摸索到更好的解決路徑，而不是讓很多女性在無數個深夜裡，左手握住右手，勸自己「忍忍算了」。我始終記得，在一場三小時的訪談之後，一位受訪女士如釋重負的表情。我們在一家陳舊的咖啡館裡見面，初春的北京依然有些寒意，而室內暖氣已暫停運轉，我們只能不停地喝熱茶取暖。透過講述，她理清了思緒，同時感到被撫慰。她告訴我，儘管成為母親是一件比想像中艱難許多倍的事情，但她從不後悔。

如果將母親們進退兩難的複雜處境置於不斷變遷的社會大環境中分析，

會發現她們的困境是具有普遍性的；而落在每一個個體身上，又是複雜而幽微的。像大海一樣，儘管看起來都是一望無際的蔚藍，若仔細聆聽，可以發現每一片海浪打落在礁石上所激起的潮水聲不盡相同。本書記錄了職場媽媽、單親媽媽、全職媽媽、兩代共同育兒等不同育兒條件下的女性，我無意為她們貼標籤，只是希望透過不同的育兒選擇來探討其背後的本質為何，並探索當拋開母親身分後，她們渴望成為的自己。

這些年，「母職」成為一個被公眾廣泛討論的話題，與此同時，社交媒體總是不停地指導媽媽們如何科學育兒，並透過「購物消費」解決生活上的難題，似乎這樣就可以徹底解放媽媽們的勞動力，剷除媽媽們的焦慮。事實上真能如此嗎？

女性在生育後，依然保持年輕與美貌、秀髮飛揚、身材苗條、展現辣媽的形象，就是愛自己、就能夠保留最完整的自我嗎？披著消費主義的外衣，提供幾個購物連結，就能解決媽媽們所有問題了嗎？從訪談個案的遭遇來看，答案恐怕是否定的。

受過良好教育、在大城市有著一份穩定工作的女性，大都有著相對安定、資源豐富的育兒環境，看起來是某種程度的幸運兒，然而從她們的日常困擾來看，我們依然可以發現，她們正在一條昏暗漫長的隧道裡，辛苦地尋找出口。一個十歲孩子的母親曾經這樣形容：

原本的自己是一顆完整的球，有了孩子以後，要把這個孩子的生活包裹在這顆球裡，並適應被他擠壓掉的空間；等慢慢適應以後，球已經凹陷了一塊，再也無法恢復從前的形狀了；等到有一天小孩離開，又要努力把這一塊默默補回去。

媽媽們被訓練成可以隨時變換不同狀態，以適應不同場景需求的「變形金剛」，事實上，凹陷下去的那一塊或許是媽媽們長時間失去的部分自我，內容包含職涯發展、情感需求、個人空間等。

找尋的脈絡

與每位受訪對象進行訪談最初的半小時到四十分鐘時間裡，我會盡量引導對方打開話匣子。如果約見的地點是在對方的工作場所，我會嘗試這樣切入提問：「妳最近在忙什麼工作？」如果是在家中，我會先以個人好奇心為出發點提問：「平時和丈夫是怎樣的育兒模式？」從對方熟悉、感興趣的語境入手，開啟話題，再循序漸進，進行深入追問。我也時常提醒自己：不要抱著調查的心態去做訪談，她們是一個又一個具體而清晰的人，不是面目模糊、僅以代號記錄的研究個案。

我在心裡和自己許下兩個承諾：一是所有問題不是為了證明心中已經預設的答案，而是耐心傾聽，才能從中發現每一個體的具體困擾。例如，同樣是離婚後獨自撫養孩子的媽媽，有的處於離異後的過渡階段，一時還沒有抓到新生活的步調，對獨自養育孩子心懷歉疚；有的則坦然面對，堅持認為婚姻的狀態只是一種個人選擇，獨自撫養孩子並沒有讓「身為人母」

變得格外艱難。二是不以陳腐的認知觀點提問，例如，「身為職場女性，如何平衡婚姻、家庭還有工作？『妳』覺得當媽媽遇到了哪些困難和挑戰？」拋出這類問題多少帶著隔岸觀火的旁觀者心態，很可能只會得到模糊的回答。其實表象背後的深層問題才是真正值得好奇、探尋的。例如，成為母親後，怎樣重新安排個人時間？在育兒過程中是否能感受到丈夫的支持？在妻子眼裡，丈夫應該對家庭做出怎樣的貢獻？夫妻如何分工處理家庭事務？是否感到公平？有了孩子後，夫妻之間的權利關係是否產生明顯或是微妙的變化？

在很多人的觀念裡，一個女人天生就具備所有當母親的神聖技能，例如，聽到嬰兒的啼哭聲，乳汁就開始大量分泌以餵飽幼小的孩子。而事實上，很少有女性會提前認識到，哺乳是一件辛苦的差事，在新生兒順利含乳，母親第一次成功地餵奶之前，身體會經歷意想不到的變化，包含疼痛、腫脹、皸裂等，這是一個母親和孩子都需要學習、不斷調整、互相磨合適應的過程。在訪談中我發現，並不是所有女性都在嬰兒誕生的一瞬間，便認定「自己是一個母親」。每一位女性明確意識到自己「已為人母」的時間點並不相同：有些是在很年輕時，甚至在未婚時，就強烈地認定自己會成為一個媽媽；有些則要一直生到第二胎，才感受到真正進入媽媽的角色；也有人小心翼翼地說出，「如果可以再選擇一次，我不會生兩個孩子」「很想試一試沒有孩子的人生是什麼樣的」「真的沒想到生孩子以後，我的生活變化這麼大」。這些聽起來與「充滿母愛」相距甚遠的想法，真實地反映了她們的心境，讓我們發現每位女性對於母親身分認同的差異，也長期影響著她們在工作、社交、家庭中大大小小的選擇和決定。

除了深度訪談，我還近距離觀察和參與了部分家庭的日常生活，我和他們一起吃晚餐，與其他家庭成員（特別是她們的丈夫）聊天，參加她們孩子的生日聚會。在輕鬆的相處過程中，我會詢問一些家庭事務中的瑣碎問題，例如，誰半夜起來泡奶粉、換尿布？誰給孩子做副食品？誰做家務、收拾房間？平日陪伴孩子的主要任務是什麼？孩子的情緒波動，通常誰會先注意到？我們還會一起探討職場女性在育兒與工作之間遇到的問題：心目中理想的雙薪夫妻相處模式為何？選擇回歸家庭、照顧孩子的媽媽，如何安排個人的時間和需求？結婚前是否曾討論過家務的分工合作？大部分人都承認，婚前沒有真正深入地討論過。一些女性是帶著傳統性別分工的意識進入婚姻的，直到種種問題和衝突發生之後，才意識到需要做出改變。一些女性則把這些事情歸為「雞毛蒜皮」，不符合對浪漫愛情的想像，羞於啟齒，直到日後發生家庭衝突時，她們都曾有過孤立無援的時刻。

同時，我也深入訪談多位丈夫，詢問他們在育兒、家務上和妻子具體的分工狀態為何？成為父親後，男性心理上會產生怎樣的變化？是否會和女性一樣遇到工作和家庭的選擇問題？如果在育兒過程中，夫妻雙方遇到分歧，會如何處理？

透過訪談我發現，女性在工作和家庭之間勞碌操心的程度遠遠超過她們的丈夫。因為其中的苦累體驗甚多，她們聊到一些具體細節時顯得更加侃侃而談，經常是感受和實例並陳。女性不分職業，當家庭事務再費力費心，她們依然會讓自己站在問題的中心，主動成為家庭裡那個「負責善後的人」，而大部分的丈夫不會有這樣的認知，也不會主動自我要求。時間長了，妻子會慢慢從希望得到丈夫的傾聽、善解人意和力所能及的支持，逐步轉變為「他只要不和我唱反調，就很感謝了」。

有一次，當被問及如何進行家庭分工，一位受訪男士不假思索，輕鬆地說道：「哦，我太太肯定比我擅長做這些事。」很多女性將家庭視為工作以外的「第二職場」。一位孩子不滿周歲的母親告訴我，她每天下班後匆忙趕回家做飯、陪孩子，為了維持工作進度，等孩子入睡後再加會兒班，躺在床上時，已是筋疲力盡，坦言就像是「一天輪三次班」。當男女雙方都需要為工作忙碌，女性往往要為家庭奉獻更多的時間和精力。隨著職業女性的工作壓力愈來愈大，她們愈來愈渴望丈夫們不僅能夠理解自己，也能果斷拿出行動來共同分擔。

而在訪談中我發現，那些願意主動分擔家務，並將育兒視為己任的男性，也和他們的妻子一樣，常常感到自己面對著家庭和職業發展的兩難，同時疲憊地處理著兩邊的各種要求。而當丈夫在家庭事務中不再隱形，開始體諒女性為人母後所經受的難處時，他們不再停留於傳統「男主外，女主內」的刻板性別分工，而是看見了妻子的需求，並試圖和女性一樣做起「平衡術」——調整自己的工作節奏，以適應兼顧照料子女的需求。

一位受訪男士告訴我，他不希望妻子放棄工作及喜歡的事物，只是做一個天天圍著家務和孩子團團轉的媽媽。還有一些男性明顯察覺到妻子輾轉在工作和育兒之間的疲憊，以及由此產生的焦慮和憤怒。他們認識到，如果只有女性在家庭中做出妥協和犧牲，對夫妻關係而言是不健康的。無論男性還是女性，每個人都渴望在家庭中享受被需要的感覺，由此汲取愛和溫暖。這意味著，每個人都需要思考、重新分配個人時間的安排，在努力工作和陪伴家人之間找到平衡點。我在訪談中發現，有些女性在剛生產完的一年時間裡，為了方便給嬰兒餵奶和哄睡，主動和丈夫分房睡。

另外一位受訪男性表示，家裡有了孩子以後，發現自己「被邊緣化了」，這會讓他們感覺，這些與照料相關的事務，或許先天就不適合男性投入參與——既然有男性如此表達心聲，不如放手讓他們大膽嘗試，只有拋開根深蒂固的男女分工觀念，女性才能卸去身上的繁重任務。

如今，一些男性觀念的轉變，正是中國家庭內部發生變革的具體體現，也是整個社會重新審視母職的意義所在——我們並不是將男性推向女性的對立面，而是認識到在家庭事務中共同分擔、互相需要的重要性。每當多一位男性願意和自己的妻子換位思考，就意味著多一個人可以幫助女性騰挪出一些思考的空間，近距離審視當下，在未來找到解決之道。

另外，我也訪談了一些上一輩的女性，她們離開家鄉，遷居到子女所在的陌生城市，不是為了安享晚年，而是為了幫助下一代解決實際的育兒和家務問題。她們出於一片好意加入晚輩的生活，卻陷入前所未有的複雜心情。兩代人在觀念、生活習慣上的差異，不得不為隔代共同育兒模式貼上「相愛相殺」的標籤。他們彼此之間的愛有多深，羈絆就有多深，相伴而來的矛盾和衝突，亦浮現在兩代人同一屋簷下的朝夕相處之中。

這也讓我思考，母職真的是一份可以被傳承、無法推脫的工作嗎？這樣的念頭，是否因為在傳統母職的規訓下，女性便常以「愛」為名義付出勞動？而現代女性在此基礎上，仍不斷給自己做「加法」，用母性的光環自我施壓，不斷擴大自己的能力半徑，以至於發出「當媽愈來愈難」的感慨。

這一切歸根究柢，取決於我們如何定義「母性」。日本女性主義研究者上野千鶴子在討論日本女性社會地位的《父權制與資本主義》中這樣解釋：「母性，是女性為了極力克制自我需求，藉由引發自我獻身和犧牲精神，將孩子的成長視為自身幸福的一種機制。」[3]其中，克制自我需求的內容包括：犧牲自己的時間、個人喜好，完全和孩子綁在一起，形成一個共同體，而這樣的牽絆不僅僅存在於女性和自己的孩子之間，還在孫輩身上延續。

在本書的研究過程中，無論男女，幾乎所有的訪談個案都希望自己在擁有一份工作的同時還能陪伴孩子，也想和伴侶共度一段美好、和諧的養育時光。我會接著詢問他們實現的方式。

有一位受訪女性告訴我，當媽媽的關鍵是「不要耗盡自己，借助所有可觸及的資源，譬如朋友、鄰居、社區公共環境等，來創造更廣闊的育兒環境。」一些媽媽相信，如果孩子的成長最終需要在社會中實現，那麼愈早脫離家庭的限制，也就愈早能幫助孩子和外部建立友好的連結。

在訪談中我還發現，為人母是很多女性社區參與的起點，一起帶著孩子散步、一起帶著孩子去公園，使她們與社區中的鄰里建立更多深層的關聯，例如，透過定期組織活動、分享學習資源等，大人和孩子都隨之重新認識社區，在原本陌生而熟悉的環境中共同成長。尤其對一些全職媽媽而言，更需要社區範圍內的支持與互助，幫助她們擺脫家庭生活的單調與狹隘，邁向寬闊、豐富的公共空間。

女性在踏入社會、職場、婚姻、母職後，開始有系統地認識性別背後的含義，不僅僅是生理上的差異，還有那些隱密的選擇和為之付出的真實代價。女性在家庭裡，往往承擔大部分的無償照料工作。

每個人的一天都只有二十四小時，如果她們花愈多時間在家庭事務上，是否意味著她們向外探索、開闢新天地的機會比男性更少？

生活方式決定了看待世界的角度，如果女性的眼界使她們在種種取捨之間，更傾向於和家庭產生深度連結，那是否意味著她們（或主動或被動的）選擇了一條主流所宣導的道路？

如果女性想要為自己而活，不再理所當然地把家庭放在首要位置，是否意味著她們會承擔更多的世俗議論？愈來愈多的女性在「女人即母親」這句鏗鏘有力的論斷之後，打下了一個問號。

隨著訪談和寫作逐步深入，我愈發感到，身為女性，我們已經在職場、家庭、各種人際關係和生活的縫隙裡，進行太多的自我反思，做出太多看不見的選擇。如果女性們依舊如此疲憊、如此困擾，是否意味著現有的解決方案並沒有觸及問題核心？

我們真正必須做的是踏入問題的本質，試著去尋找線索——在我們的價值體系裡、在我們的職業生涯規劃裡、在我們的公共育兒制度裡……從這些角度出發，也從女性們不被聽見的聲音開始，正是本書寫作的起點。

第二章

生育：重塑的自我

「這樣或者那樣做，是不是一個好媽媽？」
她不再是她，是另一個被重組的人。
「我是不是太自私了，沒有考慮小孩的感受？」
她希望自己是一個全能的知識型媽媽。

中國的獨生子女一代（編按：一九七九年至二〇一五年之間出生），在被撫養長大的過程中，很少深刻體會到性別間的差異。在我訪談的女性之中，有超過一半的人告訴我，曾經以為自己可以與男性在學業、事業上平起平坐地競爭；一直到結婚、生兒育女後才發現，兩性之間存在的差異，不僅體現在職場的待遇，還體現在日常生活之中。

二〇二一年中國第四期婦女社會地位調查的資料顯示，〇到十七歲孩子的日常生活照料、作業輔導和接送主要由母親承擔的家庭分別占七六・一%、六七・五%和六三・六%，已婚女性每天家務勞動的時長也明顯超過男性。[4]我們常說，時間花在哪裡，成效便在哪裡。在這些數字背後，往往是一位位母親長期在家庭中的付出，相伴而來的則是或隱或顯的身分約束，而家務勞動的價值又常常為人們所輕視。

臍帶從未在母體和嬰孩之間真正消失，兩者之間隱形的連結讓女性成為母親後，常常擔心自己的一個行為、一項選擇會直接或間接影響孩子的健康成長，並將其內化為自我的道德壓力。凡是對孩子有益的，盡一切努力去做，凡是可能對孩子不利的，盡一切努力去消化、隔離和放下，哪怕需要自己忍耐不適和苦痛。母親們或者被迫放棄曾經夢想追求過的人生，或者將自己訓練成「三頭六臂」，卻依然感到分身乏術、顧此失彼。她們不禁發問：「為什麼和爸爸們相比，留給媽媽們的人生選項看起來更少？是不是生孩子、餵奶、育兒這些事，將女人和男人從此引導向截然不同的兩條道路上？」

我們試著探尋這些問題的答案，重新思考過去不容置疑的認知。在女性幽微的心理變化中，在為人母的日常生活裡，我們會看到她們的矛盾與自救。

「為什麼他還是他，我就不一樣了呢？」

韓冰就職於上海的一家醫藥公司，出生於一九八〇年代末期，童年在豫南農村度過的她，仍記得老家村口用大紅塗料刷在土牆上的一條醒目標語——「生男生女都一樣」。這兩年她回去探望親人時，發現昔日的村莊發生了很大變化，大紅色標語也早已不在了，可是那行字依然清晰地印刻在她的記憶裡。

作為獨生子女一代，從小到大，父母都鼓勵她，無論做什麼，都可以和男孩一起競爭。韓冰從學校走到職場，一路上都非常努力地去實現自己設定的人生目標。剛剛進入婚姻的時候，她也從未感到兩人之間有任何人生發展的差異。

韓冰和丈夫相識於一次工作會議，雙方投緣，迅速開啟了以結婚為前提的交往。巧合的是，兩人的成長背景也十分相似：十八歲時離開家鄉小城去大城市念大學，畢業後透過企業的校園招聘來到上海就職，進入理想中的外企，起薪、職位相同；父親都在小城市做生意，母親從旁幫忙打理財務，管理各種瑣碎事務。相似的成長背景，為他們在彼此欣賞喜愛之外，加上了一道現實的保障。韓冰開玩笑地和丈夫說過：「我們還真是門當戶對，勢均力敵。」戀愛一年後，兩人就順理成章地步入婚姻。

婚後，韓冰總是盡力把自己和上一輩那種舊式、傳統的「妻子」形象區分開來。她堅持認為，妻子的身分並不意味著需要順從另一半，家裡的大小事應該由兩人商量做出決定，家務也應該分擔完成，而不是默認為妻子一個人的工作，她坦言：

剛結婚的時候，我老公可能還是受了老一輩的影響，對老婆應該怎樣怎樣做還帶著固定思維，例如說，要多承擔一些家務，包下採購、做飯、打掃的工作。我直接和他說：「你不要對我有這種期待，我比較粗枝大葉，不怎麼會做家務。」他在生活上是更細緻的，做家務也比我更擅長，小時候，他父母在外地做生意，逼著他很小就會自己做飯了，是能燒三菜一湯的那種水準。

我們結婚後，基本上是他做飯，我洗碗，每週找一天一起做打掃家務。我工作忙，顧不過來的時候，他會抱怨幾句，慢慢地，他也能接受二人分工的模式。

韓冰成為媽媽的過程也相當順理成章，那一年她二十九歲，「家裡的長輩催我們生個孩子，我也沒有想太多，覺得反正結婚就是要生孩子的，生就生吧。」她有信心生完孩子後繼續上班，並不覺得有了孩子就會對工作造成影響。懷孕期間，她幾乎沒有孕吐等不適反應，保持著和平日一樣的工作節奏，挺著大肚子開會、加班，直到生產前一週才放下工作，回家待產。

女兒在一個春天的早晨出生，順產。韓冰的第一個感受是：「很神奇，女人竟然能有這樣的能力。」生產完的當天夜裡，護士把孩子抱過來，對她說：「來吧，妳需要開乳，寶寶就是妳最好的開乳師。」她原本以為這是溫馨、充滿愛的一個動作，完全沒有料到女兒像一隻小老虎一樣狠狠地咬著她的乳頭，吸上來的第一口，就疼得她忍不住尖叫。

折騰半小時後，在護士的指導下，女兒才終於順利吸到了初乳。韓冰和丈夫第一次嘗試著給嬰兒換尿布，輕輕擦洗柔軟嬌嫩的身體……笨手笨腳地完成了一整套流程，女兒飽足後酣睡的樣子，給了她極大的信心：照顧小孩似乎沒有那麼困難。

從醫院回家後，韓冰的考驗才真正來臨。第一個關卡是很多新手媽媽都會遇到的——哺乳。不管是醫生、身邊的朋友還是媒體上的育兒影片，反覆給她灌輸的觀念都是：「母乳百利而無一害，再好的奶粉也比不上母乳所含的豐富營養」「一定要堅持親餵母乳，不僅有利於培養母嬰之間的感情，還方便隨時隨地滿足小嬰兒饑餓或是奶睡的需求」。全球育兒暢銷書《西爾斯親密育兒百科》（*The Sears Baby Book*）更是把單純的哺乳餵養行為提升為母親的義務，視哺乳為親密育兒的一種象徵，它可以讓母親和嬰兒的關係更緊密，能夠讓媽媽更加直觀地知曉並回應寶寶發出的信號。[5]

在孩子還未正式來到之前，韓冰對這一套理念深深認同，並且信心滿滿地認定，其他媽媽能做到的，自己也一定可以。沒想到，女兒的不配合給她上了現實的一課：

> 一開始小孩每隔一、兩個小時喝一次奶，感覺是不停地吸。我的乳頭破皮，流血結痂後，過了幾天又再破皮流血……這些我都忍了，反正大多數媽媽都得經歷。
>
> 讓我抓狂的是，出了月子以後，我女兒就不肯吸我的奶了，不管怎麼樣親餵都不成，她吸一會兒就沒耐心了，寧可餓著都死活不吸。我改成用

吸乳器後，新問題來了：我睡不好或者累了，奶（量）就會變少，（女兒）沒吃飽就會哇哇哭，體重都變輕了。我就很焦慮，覺得自己明明有這個器官，卻沒辦法滿足（女兒的）需求。看到朋友圈裡那些能存很多袋奶的媽媽，我就很羨慕。

餵奶這件事就是每天不管怎麼樣都得完成的工作，還永遠有一個期限，每隔兩、三個小時，必須要從我身體裡抽出一八〇毫升的奶來。如果沒有那麼多，我就會很沮喪，覺得自己好像是只吃草、不做工的乳牛，不是一個好媽媽。什麼時候給孩子斷奶這件事，我也糾結過。女兒一天天地長大，我的泌乳量慢慢跟不上需求，她長期處在一種「夠吃又不夠吃」的狀態裡，讓我更焦慮了。

對母乳餵養的狂熱以及焦慮如影隨形地陪伴韓冰五個多月的日日夜夜。當女兒不肯吸奶時，她買了一個電動吸乳器，每次擠完兩側乳房的奶要花上三十分鐘，吸奶器使用過後，每個零件都要清洗、消毒，以避免母乳殘留在管子和縫隙裡。擠出的奶保存在母乳儲存袋後，她會在上面細心地貼上標籤，記錄好時間，放入冰箱冷藏，以保持新鮮度。通常白天的十來個小時裡需要擠奶三到四次。

為了防止脹奶，每天半夜她會起身，把擠乳流程再走一遍，吸乳器「嘟嘟」的聲音，提醒著充滿睏意的她：「妳身體的某個部位正在為一個嗷嗷待哺的幼小生命工作，妳是她目前最需要的人。」隨著女兒長大，胃口愈來愈好，韓冰的母乳「產量」實在跟不上女兒日益增長的高需求後，她才從每時每刻為母乳而努力的幻想中覺醒，開始用配方奶餵養。

慶幸女兒除了剛開始有一些皮膚過敏之外，沒有什麼異狀，否則可能會為之深感自責，畢竟她曾經設想哺餵母乳至少要持續一年以上。母乳餵養的不順利讓她褪去初為人母時的天真，僅這一項工作就證明做一位「好媽媽」並不容易。

產假結束後，韓冰如期返回公司上班。她身邊有幾位朋友為了能在孩子三歲以前給予足夠的陪伴和照料，辭職成為全職媽媽。

韓冰從未考慮過這個選項，只是在原先的工作時程上做了一些小小的調整——懷孕前，她幾乎每天加班到晚上九點以後。當媽後，為了照料女兒，她和上司商量調整成每天傍晚七點前下班，到家快速吃好晚飯，度過短暫的親子時光，哄睡女兒後，再處理兩小時工作，上床睡覺的時間通常都在十二點之後。

把時間調整成更符合孩子需求的作息，看似完美兼顧工作和育兒，然而一連串奔波忙碌的節奏讓她倍感疲勞，心裡盤桓著多重困惑——職場女性成為母親後，該怎麼做才正確？陪女兒時間少了，應該感到愧疚嗎？是不是得把工作放一放，優先做一個好媽媽？在訪談中，她向我坦白自己內心的掙扎：

工作了一天沒有見到女兒，我會盡量早一點回家陪她。有時候為了陪女兒，工作安排不過來，我又會忍不住想：「做了媽媽，是不是真的就很難把工作做好？」有時候自己想放鬆一下，和朋友見個面吃個飯什麼的，也會內疚地想著是不是應該早點回去，畢竟婆婆或者我媽媽在家幫忙帶孩子，總不能讓她們太辛苦。

女兒六個多月大的時候，也就是二〇二〇年春節期間，新冠疫情開始了，當時疫情相當嚴峻，為了幫我們帶孩子，我爸特意從老家坐火車趕過來……有一段時間，家裡很混亂，我甚至想過，為什麼自己偏偏在那時候生了個孩子。但我觀察了一下我老公，他完全沒有這些念頭。

比起丈夫，韓冰第一次清楚地意識到，成為母親後，自己心裡突然有了難以言說的包袱。在社會對於母性的幻想中，到了某個階段，女性當媽媽的強烈渴望就會被喚醒，照料孩子的責任和能力更是先天銘刻在一個女人身體裡，更近乎一種本能，無需刻意習得，甚至還附加了一些要素，例如，隱忍、自我犧牲、願意做一些重覆的家庭瑣事……一旦做不到、做不好，初為人母的女性可能會陷入「為什麼別的媽媽可以，我不行」的自我懷疑之中。

而在擁有多年的為人母經驗後，又會發現自己始終生活在他人的節奏裡——滿足孩子不同年齡階段的需求、配合丈夫的事業發展……那時或許會陷入另一維度的自我懷疑中：這一切是否值得？英國作家蕾切爾．卡斯克（**Rachel Cusk**）在《成為母親》（***On Becoming a Mother***）中真實展現了懷孕、生產、養育的整個過程，用自述的口吻講述了作為新手媽媽的焦慮和困惑。她在書裡這樣寫：

「孩子的出生將女人和男人區分開來，也將女人和女人區分開來，於是女性對於存在的意義的理解發生了巨變。她體內存在另一個人，孩子出生後便受她的意識所管轄。孩子在身邊時，她做不了自己；孩子不在時，她也做不了自己。於是，不管孩子在不在身邊，妳都覺得很困難。一旦發現這一點，妳就會覺得自己的生活陷入矛盾之中、無法挽回，或是陷入某種神祕的圈套，妳被困在其中，只能不停地做無謂的掙扎。」[6]

自從生命裡多了一個小孩，韓冰感覺自己不明就裡地陷入了某種神祕的圈套，做任何一個決定之前，她都會加一些前提：「這樣或者那樣做，是不是一個好媽媽？」「我是不是太自私了，沒有考慮小孩的感受？」

反觀身旁的丈夫，似乎絲毫沒有受到角色轉變的困擾，只有自己陷入揮之不去的多重矛盾之中。生孩子之前，身為獨生女的她，家庭環境和所接受的教育，都讓她相信自己可以在學習和工作上達到與男性相同的成就；在親密關係裡，她也一直認為和丈夫是平等相待的。

一切的變化都發生在她成為母親以後。她不再是她，是另一個被重組的人，不得不放棄、打碎一部分舊有的自我，才能和外界的軌道重新取得連接。她曾反覆地問自己：「為什麼他還是他，我就不一樣了呢？」當認識到這個事實時，她感覺自己彷彿登上了一列火車，從車窗望出去，能看到之前走過的道路，卻很難再下車回頭、與之相交，只能默默地接受漸行漸遠的命運，任由這列火車開向滿是山丘的陌生遠方。

「盡量做一個快樂的媽媽」

女兒出生後，對韓冰與丈夫的事業影響，非常地兩極化。成為父親後，丈夫變本加厲地將工作賺錢放在人生首位，而她則默默調整了人生的優先順序，逐漸將重心轉移到小孩身上，尤其是當工作與育兒出現衝突時，她內心的天平自然而然優先向「照顧小孩」傾斜。因為她自覺「孩子是被自己帶到這個世界上的」，她開始下意識地認為，沒人可以替代母親照料嬰兒的角色。

從餵奶到添加副食品，從女兒學會爬行到搖搖晃晃地踏出第一步，每一步她都親力親為，好像這樣做才符合大家對「好媽媽」的期待。而孩子的爸爸則好像從來沒有受到任何「好父親」身分的規範，從不在忙碌工作和陪伴小孩之間糾結。

以色列社會學者奧娜．多納特（Orna Donath）以五年多時間進行一項調查研究，追溯記錄二十多位「後悔成為母親」的女性，她們有的認為母職是「一串迴圈、是一份永久得不到休息的工作」，有的因為母親的身分，感到自己對生活失去主宰的能力。

奧娜．多納特將這些與眾不同的聲音寫成《成為母親的選擇》（*Regretting Motherhood*）一書，並在其中指出：「雖然男性和女性都努力在時間夾縫中求生，但母親通常是那個把時間留給孩子的人。從這個層面來看，父親的缺席會推動母親建立起必須持續撫慰孩子的印象，母親幾乎沒什麼暫離或休息的可能性，而大多數的父親則可以趁隙溜走。」[7]

孩子出生後，韓冰夫妻的生活軌跡也出現與此相似的巨大差異，韓冰忍不住顯露出隱隱的擔憂：

當一位男性成為父親，他會覺得：「我要更加好好地發展事業，才能照顧好小家庭，給我的小孩更多的機會和可能性。」即使因此陪孩子的時間少了，男性也不會有很多糾結，他覺得只要有固定時間陪一會兒，就已經很OK了。

對於一個媽媽來說，有了小孩後，就是在原有的工作之上又加了一項工作。除了工作，我就是在家裡帶孩子，從天亮到天黑，好像一天什麼都沒做，時間就「咻」的一下過去了。照顧寶寶的工作，很多時候都是體現在吃喝拉撒上，想邀功說出來，好像聽起來也沒有什麼價值。

我有時候會設想一個場景：二十年後，老公功成名就，小孩會覺得：「我爸爸真了不起，給了我很多資源很多錢，我媽媽照顧了我二十年，就是洗衣煮飯之類的，這有什麼呢？」

韓冰內心深處充滿了矛盾：她想成為一個好媽媽，卻又時常承受著由此帶來的困擾。育兒過程中，「我搞不定這個小人兒」的無助念頭常常冒出來，每到此時，她都期待另一半能主動投入分擔，卻等不到積極回應。例如，剛添加副食品的時候不順利，女兒把食物當成玩具，丟得到處都是，餓過了頭又會大哭。每次碰到這類事情，孩子爸爸的第一反應不是彎下腰來一起解決問題，而是不耐煩地逃離、出門運動，只留韓冰一人面對，彷彿這些本來就是屬於媽媽的工作。

韓冰和丈夫之間終於爆發了前所未有的激烈爭吵，他們互相指責——丈夫堅持認為自己賺錢養家已經很辛苦，回到家只希望能享受到家庭的溫暖、和樂；而這一點恰恰讓韓冰感到不公平，論工作賺錢，她的收入並不比丈夫低，憑什麼育兒絕大部分工作都由她一個人來承擔？

這一次爭吵，兩人之間隱藏的分歧顯露出來，待冷靜下來後，丈夫表示自己在未來會多分擔育兒的工作，鼓勵她也可以出門運動、見朋友、做想做的事情。宣洩積壓已久的不滿後，無論丈夫未來是否會增加育兒的參與度，韓冰都決定扭轉自己的觀念——生孩子、養孩子，本就應該得到家庭的支持，把幾乎所有事都壓在媽媽一個人身上是行不通的，也是不公平的。

孩子在成長過程中，不僅需要媽媽，也需要爸爸的教育和陪伴。而現實是，女人一旦成為母親，就只能將自己的生活範圍縮小，限制在整個家庭領域。和男性比起來，女性天生更在意人與人之間的連結，女性在投入母親的角色後，更容易感受到數不清的「應該」，而不由自主地將自我讓渡出去。例如，我「應該」餵母乳，給孩子提供純天然的營養，並建立愛的親密連結；我「應該」每時每刻把寶寶照顧到最好，給她創造最好的養育環境；我「應該」把工作和照顧寶寶平衡好，成為一個內外兼修的好媽媽；我「應該」犧牲個人休息娛樂的時間，生活圍繞著孩子轉，將孩子的需求排在第一位……

這些「應該」已然成了沉重包袱，讓媽媽們別無選擇，把自己的需求排到第二、第三、第四位。母職成為一份沒有終點、沒有休息、不領薪水的工作，讓女性忘記了做母親之前看到的風景，也忘記了自己除了是「某某媽媽」之外，還可以是誰，還能夠成為誰。

經過和丈夫的幾次爭吵後，韓冰學會了一件事：把諸多「應該」放在一旁，盡量和成為母親之前一樣，作為一個獨立的個體活著，大膽向外開放和探索，而不僅是作為一位母親。她希望女兒長大後可以在她身上看見，身為一名女性能夠擁有眾多可能性。她從未如此深刻地意識到，成為「完美母親」的幻想，可能無形中為自己的道路增添了阻礙：

後來我發現，給自己加那麼多「好媽媽」的戲份，其實挺可笑的。我學會了一件事情，就是好好愛自己，（把自己）看得更重要一點，例如多學點東西，和孩子爸爸一樣，也多投入一些時間在事業發展、進步上，而不僅僅圍繞著女兒轉……我慢慢勸自己想開一點，盡量做一個快樂的媽媽，給女兒做個好榜樣。

長久以來，無論是大眾媒體還是影視作品中，在任何場景裡，母親的形象總是完美的——保持微笑、溫柔慈愛、善解人意，做一份不那麼忙碌、時間靈活的工作，以方便照顧孩子；或是以家庭為由，辭去工作，經年累月，像一個陀螺般全身心付出。

成為母親之前，女性很少會知道夾在自我、孩子和丈夫之間，將付出怎樣艱難的代價；也很少女性被告知，開始履行母職後，有哪些限制是很難擺脫的……在多種身分的夾擊之下，很少有人會站出來鼓勵一個母親：「妳不用總是看起來富有耐心、溫和有禮；妳有權利表達出失望、苦悶、沮喪、憤怒；妳可以放下對自己的苛責和對家人的愧疚；比起做一個完美的母親，妳更需要想一想自己真正需要什麼。」

生育將女人和男人區分開來，很多女性渴望在婚姻生活和育兒過程中與男性相對平等地兼顧有償工作、照顧家庭和自我空間，而在這條道路上，她們不僅需要信心、安全感，還需要家人、朋友和社會文化的支持。

餵母乳便是一個很好的例證。不論是醫生、專家、媒體，還是家中的長輩和伴侶，都會堂而皇之地說，「每個媽媽都應該給孩子哺餵母乳」。恰如加拿大學者考特妮・瓊格（Courtney Jung）在《母乳主義》（*Lactivism*）一書中提到的：

「過去二十多年，人們賦予母乳餵養的健康益處愈來愈多，真是讓人數不勝數。據說，母乳有如下功效：降低罹患各種疾病的機率，包括耳部感染、胃腸道感染、下呼吸道感染、壞死小腸結腸炎、高血壓、肥胖、心血管疾病、糖尿病、哮喘、過敏、癌症、麩質不耐症、克隆氏症、濕疹，降低嬰兒死亡率以及嬰兒猝死症的發生率，還能增長智力，穩定情緒等。」

而事實上，瓊格在走訪世界著名母乳餵養研究者後，揭露一個意料之外的真相，即「母乳餵養有一定效果，但它的效果並沒有大到能決定人生的程度」[8]。的確，很多時候，我們將一些多年的「養育共識」提高到甚至可以決定孩子人生的程度，而背負這一切的往往是女性。她們被期待為此付出自己一百二十分的責任和精力，被供奉在家庭奉獻的光環中。當她們回過神來試圖掙脫、改變的時候，便是重塑自我的開始。

「離開了主流的生活」

琪琪三十一歲那年如願成了一個小男孩的母親。在她的規劃裡，三十歲是一個女性相對成熟的年紀，這時職場地位建立了一定的基礎，同時也有了一些積蓄可以撫養孩子，不論是在心理上還是經濟上，都到了一個穩定、有餘裕的階段——這和她丈夫的想法不謀而合，小孩的到來，是夫妻倆意料之中的欣喜。

剛懷孕時，她就半開玩笑半警告式地和丈夫說：「你可別讓我到時候『喪偶式育兒』。」

她記得當時得到丈夫拍胸脯篤定回答：「我肯定全力以赴！」

懷孕期間，她追蹤了好幾個兒科醫生的社交媒體帳號。奶粉、衣服、嬰兒推車……每一項她都向身邊已經當媽媽的朋友請教經驗，做了詳細的功課，並在反覆比較價格後，才從購物網站一一下單，或是去商場仔細挑選。

由於丈夫那段時間工作忙碌，常常需要出差，這些事情她都是靠自己和母親的協助，像一隻將要冬眠的松鼠，把松果一顆接著一顆搬回家一樣，完成了所有嬰兒用品的採買工作。第一次做媽媽，她做好萬全的準備，除了必需品之外，還特地買了全套家庭育兒書，一邊閱讀一邊劃重點，再貼上不同顏色的標籤。潛意識裡，她希望自己是一個全能的知識型媽媽，對小寶寶的所有狀況都能瞭若指掌。她期待自己可以變成一個有求必應的「哺乳動物」，像電視裡那樣，一手抱孩子一手敲電腦，而丈夫也能搖身一變成為超級奶爸，共同有條不紊地照料嬰兒。

現實很快告訴她，育兒是一個龐大又複雜的工程，而且很多時候，意想不到的限制和變數更讓她無能為力。由於分娩時過於用力，她腰部下方和尾椎附近劇烈疼痛，兒子出生後，這種疼痛感不分白天黑夜地折磨著她，剛生產完的半個月她幾乎不能坐在椅子上，坐下不超過兩分鐘，就疼到馬上從椅子上彈起來。她第一次深刻體會到何謂「如坐針氈」，一整天大部分時候都只能側躺在床上，翻身也需要小心翼翼。幸好，有月嫂幫忙把孩子抱來餵奶，她一邊學著熟悉這份全新的工作，一邊努力克服生理上的疼痛，讓自己盡快調整好狀態，全力以赴地迎向自己新的工作、新的責任。

直到大約三週之後，腰部和尾椎的鑽心疼痛感才慢慢緩解。她終於能夠安穩地坐在椅子上，靠著椅背，從容地把她的小人兒抱在懷裡，低下頭看著那飽滿圓潤的、還沒有褪去黃疸的小臉蛋：細細長長的睫毛，用力吮吸著的小嘴，喝飽後輕輕呼吸的樣子……那一刻，身邊的一切，連帶著她自己，都彷彿散發出一層雋永、寧靜的光暈。

與此同時，琪琪的世界發生了翻天覆地的變化，那裡不再有黑白灰色的套裝、尖頭高跟鞋、精緻妝容，忙碌穿梭於商辦大樓和擁擠的地鐵；取而代之的是嬰兒身上的奶香味。她還要接受和適應各種難以言喻的生理變化——鬆弛的肚皮，一條又一條深深淺淺、難以褪去的妊娠紋，持續隱隱作痛的尾椎骨，打噴嚏稍用力時的漏尿……從來沒有人告訴她，分娩之後的身體會經歷如此損耗，劇烈的程度簡直堪比一棟建築被推倒重建。或許正是這種被打掉重練的體驗，讓她更能感受到嬰兒和自己之間的深度連結——她是他的全部。

她在坐月子期間閱讀奧地利精神病學家阿爾弗雷德・阿德勒（Alfred Adler）的《自卑與超越》（*What Life Should Mean to You*），至今還記得書中的一段內容：

「在好幾個月裡，母親在他的生命中扮演著幾乎唯一的角色，他基本上完全要靠她。合作能力就是在這種情況下發展起來的。母親是嬰兒接觸的第一個他人，他感興趣的第一個他人，她是孩子通向社會生活的第一道橋梁。」[9]

這段話給了那時候的琪琪極大的影響，她也想用自己的心力鑄成那第一道橋梁——寶寶每晚醒來兩到三次，她像一個訓練有素的士兵，聽到一點輕微的聲響，立刻坐起，熟練地餵奶、拍嗝、換尿布、哄睡，再輕輕放下。深夜裡的兒子彷彿是個來到人間尋覓食物和安慰的小精靈，他和她之間全憑眼神的默契和簡單的「嗯嗯、啊啊、哼哼」來完成溝通，她是唯一可以帶給他滿足和愛的人類。

由於夫妻雙方的父母都在工作，還沒有到退休的年紀，沒辦法像很多城市裡的三代同堂之家幫忙照看孩子，月嫂走後，產假中的琪琪決定挑戰獨自帶孩子。她是和孩子相處時間最長的人，她的一天二十四小時被劃分成很多小塊，幾乎每時每刻都圍繞著兒子的吃喝拉撒轉，瑣碎而漫長；可有時候時間又好像過得特別快，還來不及看幾頁書，和朋友聊聊天，一天就倏忽一下溜走。

她花了幾個月的時間，終於辨認清楚嬰兒不同哭聲的含義。只要哭聲響起，無論是在白天還是黑天，腦子裡的警報聲就嗡地一聲響起來，她馬上用幾秒鐘的時間判斷接下來是餵奶、換尿布，還是陪玩逗樂，確保孩子的一切順暢進行。面對嬰兒的哭聲，她本來計畫採取育兒書上的做法，但後來意識到，那樣做似乎讓自己脫離了母性本能：

育兒書上說，聽到寶寶哭了不用馬上抱起來，不然以後寶寶一有需求就要被滿足，會很任性。但對新手媽媽來說這並不容易，只有先滿足寶寶，摸清楚脾氣和作息後，才能稍微放鬆一些，不然總是會想，是不是錯過了什麼。等他下次再哭起來，又會懷疑是不是因為自己（之前）疏忽了什麼，所以他又鬧了。哭是寶寶唯一的表達方式，再說這麼小的孩子哭總是有理由的。我有一次狠下心，讓他在房間裡哭了半小時，結果他一點都沒有要停（的意思），反而愈哭愈響，我後來還是忍不住進去抱了起來……

儘管先前翻了很多育兒書籍，在具體的實踐中，琪琪還是決定尊重孩子的行為習慣和意願。她發現，如果堅持完全照著書本養，只會徒增自己的焦慮,「每個孩子都是不一樣的,不是嗎?」在經過和小孩日夜「交戰」後,她終於從他不同時間、不同音量的哭聲中,獲取一套解讀嬰兒的專屬密碼,這讓琪琪極富成就感和信心。

然而,做母親的感受遠遠比純粹的喜悅和滿足要複雜得多。琪琪的丈夫工作忙碌,經常出差,一個月裡在家的時間大概只有四、五天。面對時常不在家的孩子爸爸,她除了接受,別無他法。

孩子出生以後,她好像和外界失去了一些連結,孩子永遠是阻攔她出門的必要且首要理由。起初,同事、朋友們紛紛來探望她,和她分享生命中的喜悅。很快,大家又回到各自忙碌的工作和生活裡,似乎只有她,看起來是將人生向前推進了很大一步,可又彷彿被一股神祕力量拖到一個牆角,杵在邊緣地帶,動彈不得。母親的身分讓她心甘情願地付出時間和精力,和過往生活的落差猶如乾涸的枯水期,露出難堪的河床:

生完小孩四、五個月,我其實一度挺失落的,心態有點失衡。有一次我老公從外地出差回來,然後他父母也來家裡看小孩,我老公就一直在他父母面前說，最近工作上做了什麼很厲害的事情，一副很有成就感、讓他父母很驕傲的樣子。當時我突然覺得和他好像相隔很遠，他在一直往前走，我好像離開了主流的生活，到一個邊緣的地方，每天就是對著小孩，餵奶換尿布，然後一個月、兩個月地算著小孩長大……

琪琪沒有和任何人吐露過內心的失落，她以為那只是產後的內分泌在作祟，過一陣會自行恢復。產假結束後，恰逢公司進行組織架構調整，如果這時候她返回工作崗位，會比從前更為繁忙，同時，丈夫的工作不會為之暫停。這將讓他們沒辦法給予孩子周全的照顧和陪伴，只能找一位住家保姆來幫忙。

而當時孩子已經到了認生的階段，看到陌生人常常會哇哇大哭好一陣，琪琪內心實在萬般不捨把孩子交給其他人照看，「就像是把寶寶隨便扔給了一個人，很不負責任的感覺。」在那個時間點，她感覺似乎沒有第二條路可走，只有親自「駐紮」在家庭裡，陪伴在寶寶身邊。和丈夫商量後，她決定先留職停薪，等孩子長大一些後再重回職場。

儘管她和韓冰做出不一樣的決定，背後卻有著相似的困惑，「到底應該做一個怎樣的媽媽？」陪伴在孩子身邊，意味著不得不讓渡出很大一部分自我，從公共領域、職場中回歸私人領地、家庭的小環境裡；離開孩子，又擔心和那一片尚且稚嫩的島嶼失去安全可靠的連結，唯恐望不到邊際的海水淹沒自己。

琪琪從未和丈夫講過自己進退兩難的掙扎。她把孩子照顧得很好，每次抱出門的時候，都會得到類似「寶寶白白胖胖，養得真好」的誇獎。身邊有朋友懷孕生產，都會向她諮詢經驗。然而，做母親的成就感不足以替代她身為獨立個體的價值感，或者說，這兩者本就需要兩套系統來支援，它們的理想狀態是可以並肩同行，並非一定要做出取捨。

另一件讓琪琪內心焦灼的事情是，孩子的出現將她和丈夫推入截然不同的境遇中，她曾經覺得和丈夫如同朋友般相處，總是並肩同行，也有聊不完的話，現在卻變成「眼看著你的朋友一直往前走，自己卻只能待在原地」的狀態。回憶起那段時間，是他們在心理上最為遙遠的階段，總是沒辦法達成雙向的溝通：

有孩子以後的一年多時間裡，我內心有點分裂。每天一邊覺得小孩怎麼那麼可愛，會爬了，會站了，會叫媽媽了，哎呀，我真是何德何能，真是太幸運了；一邊又會覺得失落，擔心自己和社會失聯了，焦慮自己再出去工作時，跟不上大家的節奏了。

那時候我老公倒是經常鼓勵我，誇我把孩子照顧得很好之類，但沒有什麼幫助。反而他愈是讚美，我心裡愈是生氣，倒像是幫他推卸掉很多（帶孩子）的工作。那段時間，我們很少交流除了孩子以外的事，我找他聊聊天，說說心裡的想法，但也聊不出什麼名堂來，總感覺是雞同鴨講。他覺得「孩子那麼可愛，把他帶好就行，為什麼要有這麼多苦惱？」

自從全職照顧兒子之後，琪琪的活動範圍不再超過家附近的超市、遊樂場、親子餐廳等所有和孩子有關的場所。已經很久沒有人喚起她的本名，不知道從什麼時候開始，別人一叫「欣欣媽媽」，她就會條件反射地微笑、打招呼，聊天話題通常都圍繞著孩子的飲食起居、學齡前開發……她從過去的身分中褪殼而出，進入一個完全不同的角色中，努力讓自己的一切看起來都符合「母親」這個身分應該具備的特質和條件。

上野千鶴子在《父權制與資本主義》一書裡曾指出：

「女性只要賦予『愛』以無上價值，她們付出的勞動就很容易被『家人的理解』『丈夫的慰勞』等說辭所回報。女性是供給『愛』的專家，也是總在愛的關係中單方面付出的一方。」[10]

作為供給「愛」的專家，琪琪就這樣以「愛」為名陪伴兒子一天天長大，丈夫則依舊忙碌於工作，不是在出差就是奔波在出差的路途中，每個月在家的時間依然有限。

然而，在丈夫看來，自己對育兒的參與程度還不錯，只要待在家裡，還是能夠有所貢獻，並不是傳說中的「父愛如山，一動不動」——他會陪著兒子在社區裡玩滑梯，只是二十分鐘後兒子就會哭著找媽媽；他會在睡前給兒子讀上兩、三本繪本，只是最終哄睡、陪睡的任務還是落在媽媽身上；遇上兒子生病，他著急得手足無措，但夜裡起床無數次，給兒子餵水、吃藥、量體溫、蓋被子的還是媽媽……

在琪琪眼裡，孩子爸爸的所有育兒行為都更像是「興致來了逗逗小孩」

「順便幫個忙」「工作累了，和小孩玩一玩，調劑一下」，從付出的時長和程度，都很難稱得上是在和她共同育兒。

而琪琪的丈夫卻認為，遇到孩子的問題時，妻子比自己更有辦法解決。在他的認知裡，女性是先天擅長在生活上照顧孩子的。關於琪琪的工作和職業發展，他認為不急於一時，「孩子還小，我老婆能把他帶好，就已經很厲害了」。顯然，他將撫育幼小的孩子看作母親頭等重要的事，暫時把職業發展放在一旁是可以理解的，並且是一種普遍的安排——「很多女人生了孩子都這樣，家裡靠男人努力多賺點錢吧。」問到琪琪未來何時重回之前的職場軌道，他有信心，但並不能完全確定，只是模糊地說了一句：「她應該可以的。」聽到丈夫這番觀點後，琪琪的感受是複雜的：

育兒這件事不存在誰比誰更擅長，做得多了，自然就會得多，除了親餵母奶，女人能做的，男人其實也都可以做。

我們將母性看作女性與生俱來的本能、女性身體裡的一部分，由此也將女性推入種種不容商榷的義務工作中。畢業於哈佛大學的美國作家艾德麗安．里奇（**Adrienne Rich**），二十一歲時就出版受評論家美譽的詩集。一九五〇年代，她二十四歲時，順應當時以家庭為中心的社會價值觀，和一位經濟學者結婚，成了一名母親。

當媽媽後的十年時間裡，她沒有再出版過具有影響力的作品，在忙於照顧孩子、侷限於種種家庭瑣事的階段裡，甚至完全停止她熱愛的寫作。

直到四十七歲時，她寫出了《女人所生》（***Of Woman Born***）一書，並在其中犀利地指出：

「作為母親，女人是善良的、純潔的、神聖的、無性的、滋養的，母性身體的潛力——由於流血和神祕的同一個身體——是她獨一無二的命運和生命正當存在的理由。」[11]

孩子逐漸長大，琪琪的生活卻再也回不到從前，她所面臨的境遇像是一塊難以化開的薄荷夾心硬糖，頑固地含在嘴裡，直到包裹在外的甜味一層層融化，一股透澈的清涼直衝鼻腔，讓她清醒。

母職已然深度綁架部分的自我，將她牢牢束縛在重覆的生活裡：日常打掃、準備一日三餐以及寶寶的副食品、推寶寶去家附近的公園、等待丈夫回家……她認真思考養育兒女的意義：

作為一個媽媽，我的價值是犧牲自己，陪伴小孩嗎？我也想要有自己的生活、工作啊！

在艾德麗安．里奇的眼中，「傳統的母性思想要求女人的天性，而不是智慧；要求忘卻自我，而不是自我意識；要求依靠他人，而不是創造自我。」[12] 全然奉獻的母愛並不適用於現代女性，一位母親能做的事，不僅僅是一項勇敢的生育決定，而是拒絕成為犧牲者，從擴展自我的生活領域開始起步。

琪琪和家人商量後，下定決心將兩歲的兒子送去家附近的托兒所，週一到週五，早上九點送去，傍晚五點接回家。

告別全職母親的生活，琪琪又回到懷孕之前的公司工作，看到曾經同職等的同齡男同事已經升職為她所在部門的主管，她心情複雜——回歸職場讓她終於可以喘口氣，新的人生階段剛剛開始邁步，她尚不清楚是否向前進了一步，但能確定自己沒有怯懦。

第三章

永不下班的職場媽媽

在某種意義上，
她可能並不是一個「合格的」好媽媽，
甚至可能會得到這樣的指責——
「她總是在工作，不夠關心孩子」。

「如果妳沒有生第二個，可能就會先提拔妳升職」

宋晴是兩個孩子的媽媽。

因為工作關係，她和先生兩人分別在兩個城市。母親和她一起在上海帶著兩個小孩生活。先生大約每隔兩週從外地回上海探望一次，每次逗留時間不超過三天，通常是週五下班後飛到家已經深夜，週日晚上或是週一的早班機飛回去。這樣的生活開始於宋晴懷孕前，至今已持續五年多。

宋晴在生完大女兒之後，不到一年的時間，又有了小兒子。剛生完女兒時她就已經決定，產假一結束立刻返回工作崗位，不想賦閒在家，不想因為一個孩子就告別以往的生活。她說，那時候的自己，好像沒有辦法從一個不會說話的生命上獲得太多價值感，相形之下，她比較需要從家庭以外的生活中獲得滿足感。

宋晴畢業於某九八五高校*，踏入職場十二年來，換過一次工作，在目前這家國營企業已經待了八年，各方面做得得心應手，各方面都處於成長期。她坦誠地說：「剛工作時，沒有想過自己還算是個蠻有事業心的人，可能也是運氣比較好，遇到這份喜歡的工作。所以，我從工作中獲得的成就感，要大於生活中的成就。」這一點，她反覆和我強調。她對工作的態度也體現在懷孕的過程中，她是大著肚子仍堅持出差，上班到預產期前一天才回家休息待產，休完產假後第一時間返回工作崗位。

在她的規劃裡，只要保持「工作——懷孕——工作」的無縫銜接，就可以讓主管對她在職場的表現無可挑剔。女兒不滿周歲的時候，她再次懷孕，儘管是計畫之外，但心想既然來了，不如趁著年輕，早點把生第二胎的任務完成。

第二次懷孕時，她依舊保持著和平日一樣的工作節奏，休完產假回歸公司後不久，便迎來了公司內部一次升職的機會。她滿心期待，如果真的

＊一九九八年五月四日，江澤民在北京大學百年校慶中指出，中國需要有具有世界水準的一流大學，「九八五工程」便因此產生。此項教育計畫目的是為了建設世界一流大學和著名高水準研究型大學，「九八五工程」共包括三十九所大學，皆位居中國大學的領先地位，可認定為中國的頂尖名校。

是她雀屏中選，同時也意味著薪水會水漲船高，對日益增長的家庭開銷來說，是真金白銀的支援。她仔細盤算過，和公司裡其他同期比較起來，她的業務能力和資歷都有一定的優勢，升職可能性不低。

然而，期望愈大，失落愈大。宣布的升職名單中，並沒有宋晴的名字，取而代之的是同部門另一位女同事。她落寞地回到座位，看著電腦螢幕上的未讀郵件，卻一封也不想打開。換作平常，她一定會按照順序，抓緊時間迅速處理完成。她在意的是，為什麼比她晚兩年進公司、平時業績略遜色於她的同事，會更早被提拔？她自然不服氣這樣的安排，決定討個說法。她婉轉又小心翼翼地表達了自己的意見。

主管理直氣壯地反問她：「妳自己心裡不清楚到底是為什麼嗎？如果妳沒有生第二個，很有可能會先提拔妳，但妳連續生了兩個（小孩），又休了兩次產假，這次升職肯定是輪不到妳的。」

如此直接的回答，像是給宋晴從頭到腳潑下了一盆冰水。她不敢抬起頭看對方的眼睛，一時語塞，像做錯事似的，低著頭回到電腦前。更多未讀電子郵件湧進信箱，她的淚水再也忍不住地從眼眶裡湧出。

「這個場景我一輩子都不會忘記。」宋晴在描述這一段的時候，反覆強調兩遍。那一刻，她才真正明白，像她這樣接連生了兩胎，說不影響職涯發展，不過是自己一廂情願，抑或是自欺欺人。兩次產假加起來八個多月，兩百多天的時間，足以拉開她和其他同事之間的發展距離，晉升的通道也遇到不可跨越的阻礙。有了兩個孩子，主管便認定妳將把更多的時間貢獻給家庭，也認定妳能接受在職場上「從此之後落人一步」。宋晴花了很長時間做心理建設，讓自己接受這一點：

在主管眼裡，我這樣連著生孩子，就是沒有把工作放在第一位。他對我的看法，直到好幾年後才慢慢改觀。剛開始一、兩年，他還不分場合地在其他同事面前挖苦我，我也沒辦法反駁。只好勸自己，能保住生孩子前的工作已經很不容易了。

那個比我先升職的同事，我是不太服氣的，我覺得她和我能力上是有差異的，內心多多少少有些不平衡。我知道不能有這樣的心態，朋友也勸我，不能把她當成競爭對手，但我實在很難客觀看待。

宋晴告訴我，她不後悔做母親，但如果再多一次選擇，像她這樣的職場媽媽應該會只生一個孩子，或許才能夠在工作中多獲得一些機會。她向我說出「職場媽媽」四個字的時候，顯得多少有些不情願。與「職場媽媽」相對的應該是「職場爸爸」，但我們幾乎沒有看過這一說法。

這或許隱含了某種預先設定：一個女人成為媽媽後，就自然地要被劃分成「為了工作奉獻」的媽媽和「為了家庭奉獻」的媽媽。就好像我們在日常生活中如果對一位女性的評價是賢妻良母，那就意味著這類女性犧牲了大量個人時間在照顧孩子和家庭上；與之相反的是，如果一位女性被貼上「女強人」的標籤，則意味著她花了更多時間在事業發展上，因而疏於照顧家庭的責任，在某種意義上，她可能並不是一個「合格的」好媽媽，甚至可能會得到這樣的指責——「她總是在工作，不夠關心孩子」。

在這兩種狀態之間，似乎存在著巨大的、難以彌合的鴻溝。這種困境是媽媽們「工作——家庭」衝突的源頭，也是她們內心感到獨木難支的深層原因。事實上，不論是宋晴還是其他女性，都希望能保留職場人士和母親的雙重身分，從兩者的平衡中找到快樂以及令自己安心的成就感。

然而，不少職業女性在生育後，會面臨不平等待遇和職場天花板，並被拖入一道又一道難以走出的陷阱，即由生育導致職涯中斷或者工作時間減少，收入也大大降低。

如果她們繼續全職工作，雇主也可能會想當然地認為母親投入工作的精力較少、工作上的能動性遠遠不如男性。這使得女性的晉升機會相對更少。而男性在成為父親後通常會更努力地工作，有更大的賺錢動力，因此少做或者不做家務，不太投入育兒，都是可以被理解的。他們享有所謂的「父職紅利」。

《二〇二二年中國女性職場現狀調查報告》顯示，在職場晉升中，男性的晉升障礙多歸結於個人能力、上級主管、同級競爭、企業制度等與職場關聯度較高的因素，女性的晉升障礙則多歸結於照顧家庭、處在婚育階段等和家庭有關的因素。[13]

此外，因婚育而晉升不順利的女性占比遠高於同樣境遇的男性，這也反映了性別、婚育計畫等看似與工作能力無關的要素，卻很大程度影響著女性的職場晉升。

關於造成職場不平等的原因，多數女性都強烈且敏感地覺察到，生育是女性擺脫不掉的負擔。這樣的母職困境也存在於全世界很多國家。美國聖路易斯華盛頓大學社會學教授凱特琳．柯林斯（Caitlyn Collins）花了整整五年的時間，走訪瑞典、德國、義大利、美國，與一三五位職場媽媽對話，寫成《職場媽媽生存報告》（***Making Motherhood Work: How Women Manage Careers and Caregiving***）一書，描繪了職場媽媽們的迷思與焦慮：

「企業期待一名全身心付出的理想員工，家庭需要一個能盡力照顧孩子的理想媽媽，而大部分女性，走鋼絲般地在工作和家庭之間掙扎，忍受兩難的壓力。」[14]

就如宋晴原先躊躇滿志地馳騁職場，卻在兩次生育後發現，無論自己多麼努力扮演一個理想員工的角色，盡一切所能減少生育對工作的影響，向公司證明自己和懷孕前一樣有價值，卻依舊無法跨過一些隱形的鴻溝。

「我是這個家的專案經理」

當媽媽五年後，宋晴愈來愈能體會到小孩與她之間的依戀。小兒子生病的時候，整天掛在她身上，像麥芽糖遇到牙齒一樣，牢牢地黏住；女兒每天都盼著她下班後能一起讀繪本。有時候她加班到很晚回家，哄睡的任務就落到孩子的外婆身上。

有一次，她一邊在辦公室加班趕專案，一邊打開手機，通過家裡的監視攝影機遠端看到，客廳沒開燈，兒子坐在沙發上東張西望，不願意一個人進房間，周圍黑黑的，只能乖乖等待外婆先陪姊姊睡，再來哄睡他。這一幕同時被在另一個城市工作的先生從手機裡看到了，兩個人都非常心疼，可是異地夫妻的現狀一時又很難改變。

大女兒出生後，先生曾為了家庭團聚調回上海的分公司找了一份清閒工作，「是和升官發財沒有關係的閒職」，不僅收入變低，在公司裡也沒有太多存在感。那段時間，宋晴發現丈夫幾乎隻字不提工作，和以前討論工作興奮的樣子簡直判若兩人，自我認同似乎也變低了，好像一頭被迫不能再打獵的獅子，整天懶洋洋的。一次飯局上，先生忍不住聊起自己的職場焦慮。他還有兩年時間就三十五歲了，如果再不拼到高一點的位置，以後在這個行業裡可能就沒有機會了。宋晴聽進心裡，作為同齡人，她對這樣的職場危機感同身受：一個人的職業生涯可以有幾十年那麼久，殘酷的是，高光時刻也許只有那麼一、兩次，一旦錯過某次機遇，後面再努力也無非是原地踏步，不進則退。

最終宋晴的先生決定離開上海去外地總部工作。臨走前的某天，恰好是宋晴三十二歲生日，難得二人世界，燭光晚餐，他們約定各自努力三年後在上海團聚，再一起陪伴孩子成長。晚餐後，先生把車停在家樓下，先行下車，打開後車廂，只見裡面橫掛了一條燈帶，點亮了小小的空間。

小燈泡的間隙裡，有十張左右沖印出來的照片，用彩色的木頭小夾子夾住，有他們兩人婚前婚後的恩愛合影，還有和兩個小孩一起的全家福……已婚直男的浪漫表達儘管有些笨拙，但明顯看出來是花費了一番功夫，還是給了宋晴一番驚喜，更讓她篤定：為了另一半的事業上升期，分開只是暫時的，哪怕成為異地夫妻也是值得的。

宋晴一邊和我回憶那日的場景，一邊迅速地抽離，回到現實中。距離兩人約定的三年時間已經過去了半年，先生在外地工作進展頗為順利，職位和薪水都如願晉升了一級，但依然沒有等到一個調回上海的理想職位，夫妻團聚的時間表仍未能敲定，孩子們盼望爸爸回來的願望，也不知道何時能實現。如今異地夫妻的狀態，讓宋晴從一開始的充滿盼望變成現在的疲憊，她無奈地告訴我：

當初是兩個人一起做的（決定），現在也就一起承擔各種代價。如果暫時回不來，也只能接受再努力。人總是什麼都要，所以矛盾。

而事實上，一個人在上海一邊工作一邊育兒的宋晴比丈夫承擔了更多壓力。她在看到丈夫的職場困境後，用實際行動表達支持，不僅和自己的母親一起承擔育兒工作，還要管理一個家，攬下了大大小小的財務決定。所有的大額開支，例如，買房、還貸款、理財產品都由她來安排。

在家庭事務中，她的參與度更高，而先生則很難投入到一些具體的事務之中。她笑稱自己好像是一個專案經理，一邊給另一半分派工作，一邊還得在後面「抽鞭子」督促著才能前進。結婚六年來，她對丈夫的期許發生明顯的轉變。戀愛時，她希望得到情感方面的關懷呵護，現在則更希望對方是一個「合夥人」，能主動分擔家庭裡的各項事務，減輕自己的負擔。

之所以出現這樣的變化，她認為和在職場的經歷有著重要關係。她在職場上找到自己的位置之後，會更加欣賞男性在家庭裡的付出。但現實讓她忍不住感慨，期待丈夫既能工作又能平等分擔育兒和家庭事務，是幾乎不可能的：

生小孩之前，他會不會做家務、處理家裡面各種瑣事，我完全無所謂，現在覺得其實很重要。我有個好朋友的老公很賢慧，我們去他們家吃飯，他會幫我們做飯、削水果，跟我老公完全不一樣。以前我甚至可能會覺得這樣的男人有點沒出息，但後來有一次去他們家，我突然覺得其實挺好的。

我老公經常會忘記他需要做什麼，絕大多數時候只能靠我安排。當我安排好了，他又表現得不主動，需要我不停地督促。每次溝通，他會有反省，過了一段時間，又回去那個狀態，我要再次發起吵架來叫醒他。唉，他就是缺少那根筋。

宋晴一度因為生第二個孩子「耽誤」的升遷，時隔三年多，終於如願等到補償。儘管「從那次以後，總歸差人家那麼一點，永遠有一個人在妳的上面，那個差距很難補上」，但她依然對工作抱有極大熱情，相信升遷管道依然向她敞開：「女性在職場上的能力不輸於男性，只要用心的話，會有很多機會的。」

對於和先生的團聚，她認為「只能隨緣」，先生的同事之中，跟隨配偶調動的例子比比皆是，而且通常都是夫唱婦隨。她一度也想帶著孩子一起搬去先生工作的城市，但經過深思熟慮，還是決定堅守原地。因為，離開得心應手的工作環境，在一個新的城市重新開始，中斷自己的職涯，可能會付出龐大的代價。她還是希望能夠在工作──家庭之間取得一定的平衡，即使艱難，也值得放手一搏。

倫敦政治經濟學院媒體與傳播系教授沙尼．奧加德（Shani Orgad）對受過高等教育的倫敦女性及其伴侶進行深入訪談，寫成《回歸家庭?·家庭、事業與難以實現的平等》（*Heading Home: Motherhood, Work, and the Failed Promise of Equality*）一書，其中提到，愈來愈多跡象顯示，現代職場環境對婦女，尤其是母親非常不利。婦女仍舊遭受「母職懲罰」。

如今在預測薪酬不平等時，母親身分成了比性別更有效的指標，職業女性們「敏銳地認識到實現工作生活平衡的不堪一擊和所要付出的龐大代價，卻仍然堅持這一理想。」[15]

所謂母職懲罰，指的是女性由於生育導致的職涯中斷以及收入降低，雇傭者會認定職場媽媽把更大精力投入家庭而非工作，使得女性晉升機會變少，職業發展受阻。宋晴覺得，即便職場中的確充滿了不確定性和有時難言公平的待遇，對女性員工的「母職懲罰」也並不少見，她依然不會離開這熟悉的工作場域。

這是她保持經濟獨立的唯一有效方式，可以讓她對生活的大方向和細枝末節擁有主動權，並在家庭的財務問題上，能夠和丈夫理直氣壯地提出自己的建議和要求。她無法想像，如果沒有了工作和收入，自己的生活將會發生什麼樣的轉變，她對於重新建立這一切並沒有懷抱太多信心。

宋晴偶爾會想像，如果現在她是一個沒有丈夫、沒有孩子的單身女性，會如何在這個社會上生活。這個問題，換作二十多歲時的她，是不敢去想的，因為那時候她很害怕孤單。而在成為媽媽，經歷了種種之後，她「反而有勇氣了，因為試試不一樣的人生，可能也挺好的。」

「像男人一樣工作」

訪談過程中，我遇到了另一對夫婦，他們有著和宋晴相似的情況。妻子詠兒在上海帶著孩子，同一屋簷下一起生活的，是過來幫忙照顧孩子的公婆。詠兒就職於網際網路大廠，她的丈夫則在外地工作。結婚四、五年來，將近一半的時間，丈夫都是每隔兩週飛回上海，待兩、三個晚上。

她向我坦言：「以前我還是蠻仰慕他的，他年紀比我大五歲，在同一間公司的時候，職等比我高，所以我很知道他能做什麼樣的事情，哪些（事情）是我做不了的。」正是出於這樣的默契，他們共同做出異地夫妻的選擇——為了讓丈夫獲得更好的發展機會，詠兒願意成為付出更多的那一位，在上海兼顧孩子和工作。而相應的代價，就是她幾乎沒有屬於個人的時間，連週末去理髮時也得帶上孩子——我幾次約她見面，她都是帶著小孩一起來。她會為女兒點上一杯果汁、一份甜點，在一旁陪著我們聊天。

詠兒笑稱自己是「時間管理大師」，她一天的作息是這樣的：

早上七點和女兒一同起床，儘管公婆可以代勞送孩子去幼兒園，但因為珍惜有限的親子時間，她經常早飯都顧不及吃完，就忙著和女兒一起出門，哪怕只是手牽手，有說有笑地走到社區門口，也是她一天中最幸福的五分鐘；從家到公司單程需要搭一個半小時地鐵，每天早上九點半到，晚上七點左右離開，到家差不多已經九點；她會陪女兒做一些親子閱讀，幫女兒洗澡，直到十點把女兒哄睡之後，繼續到電腦前加班至十二點多，甚至常常會不由自主地工作到凌晨一點。白天詠兒被各種會議占滿，反而深夜才是她高效處理工作的時間。

這樣「下班——育兒——加班」的節奏，使得詠兒一天需要經歷整整三個輪班，比美國社會學家阿莉・霍克希爾德（Arlie Russell Hochschild）所描述的「第二輪班」（the second shift）還要多一輪。她苦笑著說：「有一次晚上回家陪女兒玩捉迷藏，躲在窗簾後面等著她來找，結果我竟然因為太累，靠在窗臺邊睡著了。」

霍克希爾德在《職場媽媽不下班》（***The Second Shift: Working Families and the Revolution at Home***）中，描述了出門「第一輪班」，回家「第二輪班」（照顧家庭）的職場女性百態：

「無論在哪一種情況下，女性都付出了代價。家庭主婦付出的代價是身處主流社會之外；職業女性付出的代價是步入了發條般運轉的職場，幾乎沒有時間或情感能量來照顧家庭。

她的職業只留給她極少的時間和能量來照顧家庭，因為職業最初是為了適應一名傳統男性的需求，他的妻子負責照顧子女……出門工作『輪第一班』，回家『輪第二班』（照顧家庭）的女性，也無法以男性的標準去競爭。她們發現自己的黃金生育期，二十幾歲後期到三十幾歲中期，同樣是職業發展的高峰期。意識到職場遊戲是為不用考慮家庭的人而設計的，有些女性喪失了信心。」[16]

詠兒面對自己在工作和生活中同時扮演的角色，時常感受到愧疚和緊張。丈夫不在家，更讓她感到難以平衡好自己的責任，很多時候都覺得自己既談不上是一個稱職的媽媽，又是一個糟糕的員工。

詠兒與現在的老闆曾經在上一家公司共事過幾年，好處是彼此有基本的信任。但正是因為「信任」，老闆分派給她的任務總是既困難又時間緊迫。例如，前一天傍晚七點要求「第二天中午完成的報告」，她只能當天晚上埋頭加班到淩晨兩點趕出來。而部門其他同事遇到類似的任務時，老闆通常會給予比較寬裕的時間。她一方面覺得這並不公平，另一方面又安慰自己遇到了一個願意重用自己的老闆，似乎不應當抱怨。

她說服自己，並對此提出合理化的解釋：老闆是一個離異的、沒有小孩的單身中年男人，不可能理解她這種需要一邊當媽媽，一邊保持高強度工作的狀態。在老闆眼裡，也許她是可以「像男人一樣工作的吧」。

詠兒原先有慢跑的習慣，參加過多次馬拉松。自認為身體狀況還不錯的她，卻在連番的勞累中，先是出現了耳鳴，接著一隻耳朵突發性耳聾。醫生「嚇唬」她，說如果再過度勞累、睡眠不足的話，可能會長期性耳聾。

最讓她困擾的身體問題是蕁麻疹，成片的紅疹漫上四肢，吃藥只能緩解症狀，沒有辦法根治，一旦連續加班，蕁麻疹便會不分白天黑夜地發作。她歎了一口氣說：「工作愈來愈累，回到家裡又一堆事情等著我來安排。」

和宋晴一樣，詠兒夫婦之間也有一個「三年之約」，他們計畫在孩子上幼兒園之前，結束異地夫妻的生活。而在新冠肺炎防疫期間，隔離政策讓丈夫原本兩週一次的「探親」，因為不可抗力而充滿不確定，有時會在臨飛之前一天無奈取消。次數一多，再加上兩人的工作都愈來愈忙碌，異地婚姻的高成本讓她開始感到有些承受不住，矛盾一觸即發：

剛異地的時候，我們會在上班路上或是晚上小孩睡著以後打個電話，後來只有等到半夜才都有空打電話。有一次，他工作上遇到一些問題，本來想安慰他，剛聊了兩分鐘，我的工作電話進來了，只好讓他等一下。沒想到，他炸了，開始指責我一直讓工作占據太多個人時間。我也發火了，就把電話掛了。過了兩天，等大家都冷靜後，我問他是不是可以提前一些（時間）回上海。

他明確拒絕了我，因為他想要做的事情還沒有做好，繼續待在那裡對他個人發展來說是更好的選擇。但我真的有些扛不住了，工作、孩子、老公都需要我顧，現在只能顧一頭，顧不了其他，但顧全不了我也很難過。

因為忙於工作，詠兒陪伴女兒的時間愈來愈少，也常常因轉由公婆來承擔養育任務而感到自責。更糟糕的是，兩代人也因此在育兒方面衝突頻繁（關於這一點，會在後續章節中詳細敘述）。對於在異地工作的丈夫，她似乎正失去提供情緒價值*的能力。遠距離讓他們漸漸失去溝通的耐心，團聚的遙遙無期消磨著她生活的動力。

和宋晴一樣，在原先的想像裡，她可以像某些女性勵志書裡所敘述的，不但能在職場打拼以保持經濟獨立，同時做個好妻子、好媽媽。具體實踐的過程中，她卻發現，這幾乎難於登天，而且會將自己推入無人知曉、茫然無助的困境中。顧此失彼才是職業女性日日面對的難題。

在和多位職場女性交流時，我發現，每當出現工作——家庭的兩難時，她們通常都會站在問題的中心，工作的同時，也成為主要承擔養育子女、管理家庭的那個人，並協調兩者失衡時所產生的種種衝突。由於另一半通常不可指望，在她們看來，對此所能做出的種種行動都是自救。

詠兒考慮過換一份相對輕鬆、可以早些下班的工作，或者乾脆回歸家庭照顧孩子。然而在經過仔細考慮後，她發現這樣勢必會在經濟、心理上經歷很多意想不到的挑戰，需要做好更多的準備才敢邁出這一步。她告訴我：「除非我對現在的工作感到絕望，或者身體上有非常大變數，我可能才會做出這樣的選擇。」

在和詠兒訪談半年之後，上海因為新冠肺炎防疫實行居家辦公。一個深夜，詠兒發來消息：「我實在撐不下去了，想辭職。」

* 「情緒價值」起初是用在經濟學與行銷領域的用語，現在也用於形容影響他人情緒的能力。當一個人可以帶領周遭人們正向情緒時，可以稱其具備較高情緒價值。

我進一步關心詢問，原來老闆提拔她當主管，然而這並沒有激發她更多的成就感，因為隨之而來的，是排山倒海般壓下來的工作任務。每天除了工作就是工作。居家辦公期間，她幾乎不出房門，從早上九點一直工作到晚上十點，和家人之間的關係似乎演變為合租室友。女兒漸漸習慣沒有她的陪伴，有什麼需求首先會求助爺爺、奶奶，而不是喊一聲「媽媽」。

這樣幾乎被工作占滿，無法擁有正常親子時間的生活，徹徹底底淹沒了她，有一種聲音像警報一樣在她腦海裡嗡嗡作響：這是不可持續的。她第一次感到自己像海上的獨木舟，憑藉一己之力，乘風破浪，當風浪愈來愈高時，只能急切地發出求救信號：

我的蕁麻疹還是會經常發作，雖然不是什麼大毛病，但也非常折磨人。公司業務愈來愈「卷」*，很多時候都不是在推進業務。我都不知道自己每天到底在忙什麼。我根本不想升職，只想躺平隨便應付了事。

我想過換公司，去找一份輕鬆的工作，兼顧家庭。面試了一家，HR看了我的簡歷後問我有什麼職涯規劃。我不知道怎麼誠實地說出自己的想法。

她問我的那一刻，我是發自內心不想工作了。如果不調整好身體、心態，直接進入一份新工作，肯定會重蹈覆轍。所以我決定辭職休息一陣，多陪陪小孩。

詠兒嘗試把自己生活中面臨的種種難處傾訴給自己的母親聽，期待獲得一些共情。然而同為女性，作為傳統意義上的中國婦女，出生於一九五〇年代末的母親並不能理解一九八〇年後出生的——俗稱「八〇後」的女兒，所身處的困境，反而勸她「在家凡事多忍耐」。詠兒明白，自己和母親所處的時代有著龐大差異，不同世代的女性在職場和婚姻裡的期待發生了翻天覆地的變化，這都影響了她們對於家庭和母職的理解。

詠兒回憶童年時，母親的工作就是「每天在辦公室裡喝茶看報，經常遲到早退，回家做飯帶孩子。」而詠兒的父親一直忙碌於工作，多年累積，

＊「卷」是指付出努力卻因競爭激烈而得不到相應的回報，是一種必須在競爭中超過他人的社會文化，具有惡性競爭、逐底競爭等負面意涵。

事業上頗有成就，更讓她的母親願意全力支持另一半，將自己的人生圍繞著家庭轉，承擔起照顧孩子的主要職責。

在詠兒看來，無論是養育孩子還是照顧家庭，都不是她一個人的工作。異地的狀態讓丈夫看起來暫時逃離本來需要共同分擔的責任，這不應該是家庭的常態。

作為「八〇後」獨生女，詠兒她們明顯具有較強的自我意識，在履行母職、妻職時，會更傾向於尊重自我的需求和意願，當夫妻間出現衝突時，並不會遵循長輩所教導的「凡事多忍耐」。

她們更樂於思考個人的真實需求，在日復一日的生活中追根究柢地拷問自己——我到底想要什麼樣的生活？而不是簡單複製父母那輩傳統的「男主外女主內」模式。當詠兒反覆表達希望夫妻能早日團聚，一起分擔家務、育兒工作時，丈夫似乎仍然停留在舊日的秩序裡，直接扔出一句「我們爸媽那輩以前都這樣」。

儘管能理解丈夫在事業上進步的需求，在一次次面對家庭——工作平衡難題的時候，詠兒不禁發問：「誰來理解我呢？」

每一次的決定都是抉擇

美劇《法庭女王》（*The Good Wife*）講述了這樣一個家庭主婦逆襲的故事：女主角相夫教子十餘年後，她身居高位的丈夫突然被爆出性醜聞，並因涉嫌貪汙腐敗入獄。過去的完美人生一夜之間轟然倒塌，陷入絕境，但也激發了她強大的生存意志——重回職場，成為一名大殺四方的執業律師，承擔起養家育兒的職責。

這場突如其來的風暴，呈現出每位女性到了中年時都會遇到的相似困擾——金錢、孩子、夫妻關係、工作，將這些元素串起來的是欲望與妥協，自我懷疑與挫敗感……是認識到自身的渺小和侷限，接受命運的安排，還是像劇中女主角一樣用力還擊命運？每個人都會做出不同的選擇。

聽說我在寫一本探討母職的書，一位多年好友毫不猶豫地向我推薦她的表姊：「妳一定要和她聊聊，她的故事很不一樣。」她的表姐，和《法庭女王》的女主角一樣，也是一位律師，同樣是到了中年之後才真正成為律師，從此踏上從未設想過的人生道路。

蕾陽，四十五歲，兩個孩子的媽媽。我們在社交軟體上約訪談時間時，她禮貌回覆：「最近正好有幾個比較重要的開庭，庭外的時間都要做準備工作，大概過幾天才有空。」

一週後，我們約定了一個週日的下午，在她的律師事務所附近見面。我早早抵達咖啡店，正在加班的她十分鐘後趕到。她個子很小，大概一五〇公分出頭，齊耳短髮，穿著運動服，說話輕聲，語速很快，帶著明顯的南方口音。

大學法律系畢業後，蕾陽隻身來到北京工作，因為「從未想過獨身、一定要結婚」，所以從三十歲開始相親。直到三十五歲那年，經朋友介紹，和比自己年長七歲的相親對象閃婚，兩人在北京六環附近的一個老舊社區租屋。

她略帶調侃地告訴我：「兩個人的條件都特別不好，誰也別嫌棄誰，都這個歲數了，我們結婚的時候還是租房子住。」結婚前，她就職於一家貿易公司，名義上是法務，實際上同時兼任老闆助理、公司人事，偶爾還負責一些財務工作，是公司裡的一顆螺絲釘，哪裡需要就去遞補哪裡的工作。對彼時的她來說，每月到時間領薪水便是一份工作的全部意義，「老闆交代做什麼就做什麼，其他什麼都不多想」。那幾年的時間裡，她從來沒有思考過任何職涯規劃，也從未想過可以有能力賺更多錢來改善北漂的生活。

結婚一年後，她生下兒子，繼續住在老舊的出租套房裡。以前她覺得自己的未來好像可以一眼望到底，可是孩子出生後，每天早上醒來，看著身旁的嬰兒日日成長，第一次覺得生命充滿無限可能。她說第一次體會到了什麼叫「為母則強」，想盡力為懷裡的孩子提供更好的物質條件、教育環境，「至少讓他以後比我過得好」。

休完產假後，她不想再回到原來的公司每天做同樣的事，想「換一種活法」，冒出這個念頭的時候，她也被自己嚇了一跳。推著蕾陽往前邁進一步的，不僅是身為一個母親所散發出來的力量——儘管那股力量大到足以讓她改頭換面——也和她在婚姻裡的處境相關。

原先她認為，哪怕是沒有什麼愛情基礎的婚姻，也能做到相敬如賓，抱著這樣樸素的念頭成立家庭後，卻發現原來必須把自己變得更小一點，更卑微一點，事事聽從，才能滿足另一半的大男人主義。生完第一個孩子，坐月子期間，她便和丈夫有過爭吵。蕾陽無法接受這樣的婚姻狀態，想證明自己，找到屬於自己的一席之地，期待在婚姻中能夠平等相待。

三十七歲的她，從抽屜深處翻出律師資格證，決心加入朋友的律師事務所，從律師助理開始做起。經歷了一番探索拚搏，累積了一些經驗之後，蕾陽成為一名民事訴訟律師。起初，她「做了三年多的萬金油律師」，從公司合同糾紛到離婚，甚至為黑社會大姐頭打三角債*官司，都來者不拒。

剛入行的時候，她總是習慣於自我否定，都已經到了三十歲後半才轉行的她，和經驗豐富的同行相比，專業能力差距甚大，不僅需要花比別人更多的工夫，從頭學起，身為一個媽媽，還要平衡好照料家庭的需求。每一次庭審前，她都會熬夜翻看厚厚的資料，她坦言：

我們這行業是不可能透過看案例、判決書，就能把控好每個關鍵的，必須得一步步實踐，這個成長過程是不可逾越的。第一次開庭時，我特別緊張，心臟怦怦跳。哪怕之前準備再充分，開庭的時候頭腦還是一片空白，站在法官面前，感覺自己像個傻子似的，不知道怎麼開口。

我連續三年多都是這樣一種狀態。印象最深的一次，是一個有些複雜的合約糾紛官司。正巧那天的法官看起來特別傲慢，對方請的律師也很強勢，經驗比我豐富多了。我一看那場面，根本就不在掌控的範圍內，當下就想找條地縫鑽進去，心裡也打起了退堂鼓：這次庭審完，乾脆不要做了，自己可能真不是這塊料。沒想到，最後還是贏了。

雖然我庭審表現力不好，但法律還是靠事實和證據說話的，事先充分準備的證據幫了大忙。

蕾陽的律師工作漸漸走上正軌，轉行的第三年，也就是三十九歲那一年，她懷了第二胎。對於新生命再次到來，她非常開心，一來能給兒子添個一起成長的伴，二來收入穩步增加，經濟實力的增長也讓她有信心養育第二個孩子。但是她的丈夫卻猶豫了，認為再生一個會增添家庭負擔。在

＊ 指企業之間的拖欠貨款，或是甲方拖欠乙方債務，以另一方債務替自己還款的債務形式。

她的一再堅持下，女兒終於來到這個世界。和第一次做媽媽比起來，她更從容也更享受，只要是不工作的時候，餵奶、哄睡、陪玩，她都親力親為：

我老公覺得如果兩個都是（兒子）的話，經濟壓力會很大。我和我的父母都跟他打包票，不管（這孩子）是男是女，都由我們來養大，承擔全部費用。後來，女兒跟我姓，他也同意。

回憶起來，我對老大的付出是有限的，那三年因為剛開始做律師，各方面都不太穩定，我考慮自己的發展和工作更多一些。女兒出生後，我第一次知道什麼叫母愛爆發，這時候才覺得當媽媽太好、太幸福了，很喜歡自己這個角色。

生完二寶以後，蕾陽又有了新的念頭，她想專注於一個領域，更加擴展自己在律師這一行的深度，而不是像隻章魚一樣四處試探，永遠做一個「萬金油律師」。在老朋友的邀請下，她決定加入他的律師事務所，專注於智慧財產權領域。

這一次機遇徹底改變了她的命運。她的口碑逐漸累積，加上朋友的賞識，她被提拔為合夥人，銀行帳戶上的餘額每年增加。蕾陽珍惜這一切的來之不易，只有她自己明白，每一次職業上的變動都是她破釜沉舟的抉擇。

因為需要考慮家庭收入、養小孩的各項支出，還有個人發展等因素，一旦決定向前，再難都得硬著頭皮上，從不給自己患得患失的空間。更換職業跑道時，她並沒有得到丈夫的支持和理解，因此每當工作上遇到不順，她從未向丈夫吐露過自己的焦慮和壓力：

說出來很輕巧，其實每一次做決定之前都是一夜又一夜地失眠，非常痛苦，現在有時候心臟會疼，我們無法預測未來，不知道這一步走出去是踏空還是踏準了。

「我到底應該怎麼做，他才滿意？」

蕾陽在事業上獲得了她從未預料過的財富和成就感。不斷提高的收入給家庭帶來的明顯好處是，居住條件改善了。北漂多年後，夫妻倆終於有能力在北京安家。孩子教育方面，她盡己所能地提供最好條件，根據兄妹倆的興趣，為他們分別報了英語、跆拳道、羽毛球等課外才藝班。平時工作忙碌的蕾陽盡量平衡工作和陪伴孩子的時間，孩子學校和課外輔導班的各項安排，都由她來負責。

她拿出手機給我看，在社交軟體上，和孩子有關的聊天群組有十三個，為了不錯過任何一條重要的資訊，她全部設為置頂。女兒參加兒童節集體活動，需要準備髮飾、服裝等，她會在深夜結束工作後，回到家裡一項一項地整理好，生怕漏掉任何一項。

蕾陽現在既能做喜歡的工作，又能為孩子遮風擋雨，這是她此前從未體驗和擁有過的力量感，鼓勵著她解鎖人生一個又一個的關卡。然而，現實還是將她拖入了難以走出的泥潭。

在她事業蒸蒸日上的這些年裡，丈夫卻漸漸無法在職場中找到價值和存在感，成為回歸家庭裡的那個人，每天負責接送兩個孩子上學，做著一切在他看來是迫不得已、本該屬於媽媽的工作。當蕾陽的收入高出丈夫七、八倍時，夫妻之間的嫌隙愈來愈大，爭吵也愈來愈多。

我老公在家裡的時間比我多，我希望他能多參與孩子的教育，但他拿著手機的時候，從來都是打手遊、看影片、看股票……我們吵過很多次，也推心置腹地談過，如果對現在的狀態不滿意，我們可以對調一下（位置），我把重心轉移到家庭，（換）他出去賺錢，畢竟錢是賺不完的，我也沒那麼貪心。聊完以後，他沒說行，也沒說不行。

我沒有能力的時候，他打壓我，看不起我，現在我強起來了，經濟上超越他了，他心裡又要和我鬧彆扭。後來我發現，我們之間最大的問題是，他不甘心我比他強，更沒辦法接受我的收入比他高太多，也不想分擔家裡的事情，總覺得他不應該去接送孩子，這有損男人的尊嚴。

為了安撫丈夫的自尊心，蕾陽不僅承擔家裡的主要開銷，還抽出一切時間密集地履行母職，從孩子的飲食起居到課程和活動安排、教育規劃等，她都不放鬆，卻依舊不能得到丈夫的支持，也無法平息婚姻裡的「戰火」。她經常反思自己哪裡做錯了：是不是太不會撒嬌了？是不是應該在吵架的時候哄一哄對方？或者是不是應該回歸家庭，做一個傳統意義上的好妻子、好媽媽？訪談到一段落，她忍住眼睛裡的淚水，哽咽著吐了一句：「我到底應該怎麼做，他才滿意？」

蕾陽坦言，十年婚姻是一個自我覺醒的過程，儘管離婚的選項一直存在於她的婚姻之中，但她從未後悔做母親。因為步入婚姻，成為兩個孩子的母親，她才在經濟、職業發展的壓力之下，一步一步探索，逐漸在北京這座大城市中找到自己的位置，也在不斷提升的事業軌道上獲得了自我價值的實現。

但也正因為工作打拼，和丈夫收入相差懸殊，關於誰主外誰主內的爭吵一輪又一輪。她認真地權衡過，如果夫妻關係無法得到改善，或許只有走上分開這條路。之所以會這樣明確，一個很重要的理由是，她衡量過自己現在的經濟能力，可以承擔離婚帶來的影響，即使馬上原地結束婚姻，生活品質也不會因此發生很大變化。她甚至悄悄看過孩子學校附近的租屋情況，並仔細計算過，如果帶著孩子離開家，她每個月的收入完全可以支持所有的開銷。

蕾陽為婚姻的走向做好心理準備或許是一種另類自救，就好像《職場媽媽不下班》中描述的那樣：「眾多的夫妻可能都生活在一種潛藏的動態中——一邊努力維繫婚姻生活，彷彿一切安好，另一邊也謹慎做好萬一要離開的準備。」[17]

在矛盾和掙扎的現實面前，多數職場媽媽時常感到工作與家庭的齒輪齧合，火星四濺，甚至聽見它們在腦袋裡互相摩擦、大力碰撞的聲音。

像蕾陽一樣，一邊賺錢養家一邊高強度地履行母職，除了工作和睡眠以外的時間，幾乎都貢獻給了家庭，似乎難以得到任何鬆綁和紓困的機會。

像詠兒一樣每天回家後繼續「輪晚班」「輪大夜班」，嘗試從伴侶處獲得實際的理解和支持，期待重新建立家庭分工，卻經歷了一次又一次的失敗和失望，只能轉而面對難以接受的現實：「家庭中出現的大多數問題都得靠女性來承擔」，就像宋晴一樣一邊堅持守住自己的職場陣地，一邊精明強悍地成為家庭裡的CEO，處理包括財務在內的大小事務……

無論在哪一種情況下，女性都做到了她們曾經不敢設想的事。無論她們在職場、婚姻、家庭的多重宇宙裡做出了怎樣的選擇，都好像和曾經的渴望相去甚遠。社會透過妻子、母親的身分定義女性，對她們的評價往往落在照顧家庭、養育後代的能力上，而非作為獨立個體的價值和成就上。

訪談諸多職業女性後，我發現，她們儘管依然非常看重家庭的連結，同時也愈來愈關心工作所能帶來的長久價值，並將其視為實現自我的重要領域，即便遇到種種阻力，但她們不會輕易為了家庭而偏離、犧牲自己的發展軌跡。對她們而言，保持經濟的獨立性，才可以有底氣，進退自如地處理家庭問題。

第四章

沉重的離婚時代

她常常在情緒接近潰堤的時候，
逼著自己多想想兒子，
於是馬上又讓自己表現得像個女戰士，
守好兩人的堡壘，盡力讓愛充滿其間。

「拚了命把孩子生下來的」

王睿，三十五歲，一頭披肩長捲髮，一百七十公分的高䠷身材。到她家拜訪時，她剛下班回來，質地良好的白色絲織襯衫和灰色緊身裙還沒來得及換下。她從廚房給我倒了一杯水，身體靠在原木色的餐椅上，手指交叉圍攏在玻璃杯上，向我道出離異前後的經歷。

三十一歲那年的春天，王睿生下四千公克、健康壯實的兒子。她沒來得及看孩子一眼，就因為產後大出血，幾乎失去意識，直接從產房被推進了加護病房。經歷了漫長的兩日兩夜，她才逐漸甦醒過來。因為這驚險遭遇，她感到自己和兒子是「生死與共」，兩人的命運從此被牢牢綁定在一起。

她告訴我：「真是拚了命把孩子生下來的。」當時，孩子的爸爸在病榻旁堅定地許下諾言：「從此以後，我們一家三口一定要好好生活在一起。」王睿也以為能夠帶著這樣的承諾一輩子安心生活。然而，人生的劇本沒有按照幸福家庭的設定發展下去，一個意料之外的戲劇性轉折發生了。

兒子剛滿周歲的時候，有一天，前夫突然向她提出離婚，理由是愛上了其他人，想盡快離開家。聽到那番話，她說「當時覺得彷彿天要塌下來」。仔細回想，從備孕到生下孩子的一年多時間裡，兩人的確發生過前所未有的頻繁爭吵，但她從沒有對他們之間牢固的婚姻根基有過懷疑。

她嘗試理出事情發展的頭緒，猜測造成前夫感情生變並提出離婚的另一個可能原因：兩人對婚姻中的責任和角色分工一直存有分歧——王睿傾向於兼顧事業和家庭，對方則更傾向於「男主外，女主內」的傳統模式，甚至曾經多次表達，希望妻子能把更多時間貢獻給家庭，相夫教子。他還舉了身邊的例子來說服她：「某個朋友的妻子也是高學歷，為了支持丈夫工作，更好地教育孩子，做了全職太太，妳也可以這樣」。

王睿總覺得如果選擇放棄自己的事業，便辜負了多年求學所付出的辛苦。況且從小到大，她的成績一直是名列前茅，是「別人家的孩子」，父母對她的教育都是「女人要經濟獨立，要有自己的工作」。婚姻出現這樣的變故，是她萬萬沒有想到的，十年感情抵不過對方內心欲望；自己差點付出生命生下的孩子，也未能阻止一個家庭的分崩離析。她看在多年的情誼上，試圖盡一切努力挽留這段婚姻，而真正用力牽扯著她內心的，是身為母親的本能，她不想讓孩子的父親角色過早缺席，想給懷抱裡幼小的孩子保留一個完整的家。然而，經歷了兩年多的情感拉鋸戰後，在跨年的那一天，她還是收到了一份不想收到的「新年禮物」——離婚協議書。

至此，過往一切看似固若金湯的美好都被破壞殆盡，她不得不先帶著走路還不穩的兒子搬離這個家。母親聽聞後從老家趕來幫忙。為了給祖孫三人好一些的居住環境，她在一個周邊設施齊全、交通便捷的老舊社區裡租了兩房一廳的屋子，房租吃掉她每個月薪水的一大部分，生活費就變得相當吃緊。

一次，孩子想吃牛肉水餃，她站在肉攤前對著價格算了又算，才捨得買下拳頭大小的一塊肉帶回家。精神和經濟的雙重壓力讓她喘不過氣來——不僅要一邊上班一邊照顧孩子，還要騰出大量精力來處理離婚的後續事宜，主要是財產分割，為孩子爭取撫養費，作為今後的日常開銷和教育費用。整個談判過程非常艱難，充滿心碎，回憶起當時的心力交瘁，她深吸一口氣，停頓一陣後才開口講述：

收到離婚協議書後，每隔一段時間他就會催我，為了逼我快點辦手續，他什麼難聽的話都說得出來。那段時間，一看到他傳來的訊息，看到那些激烈言辭，我都會產生生理上的激烈反應，就是嚇得想拉肚子……

他先提了一個（撫養費）價格，我說不夠。他就讓我把兒子需要什麼（花錢的地方）都列出來，我就去畫了張 Excel 表，奶粉錢、伙食費，現在的房租多少……我提了一些條件，但跟他完全談不下來，還被罵得狗血淋頭，完全把我當成了敵人，好像是我在圖他的錢，是我犯了錯，是我非得要離婚一樣。

在沒有辦法和前夫達成共識，快要無法堅持的時候，王睿請了一位頗有經驗的離婚律師。

律師鼓勵她：「這是妳和孩子的權益，一定要錙銖必較。」之後，和前夫的談判僵持不下時，都由律師出面代表幫忙談妥，最後約定在孩子未成年時，每月向王睿支付一定數額的撫養費，用於日常開銷，此外，還將兩人共同承擔（一人一半）孩子的大學學費也寫進了協議中。擁有一定的經濟保障，終於讓獨自撫養孩子的王睿安心了一些。儘管磨人的離婚終於塵埃落定，人生似乎也可以重新翻開一頁，但她絲毫沒有如釋重負之感。

比起繼續留在那段遭遇背叛的糟糕關係裡，就此分開生活顯然是理智的選擇。然而原本感情甚篤，期待著攜手過著幸福生活的一家三口，為什麼要走到今天這一步？她左思右想不明白，產生過很多懷疑：是自己沒有以家庭為重，滿足另一半的期待，所以感情出現了這麼大的變數嗎？是她太注重自我發展，總想在事業上更進一步，所以才把家弄丟了嗎？

離婚在她的生命裡投入了一片陰影，有時深，有時淺，卻從來沒有真正散開過。對於年幼的孩子需要陪她一起承受這一變故，她更是充滿著複雜的情緒。從第一次聽到曾經相愛的另一半說出「離婚」二字，到辦妥手續、正式分開的那一天，歷經整整三年時間，王睿說自己為此「不知道流了多少眼淚」。

本以為內心已經被磨得足夠堅強，看到戶政人員蓋下紅色戳記的瞬間，她的情緒還是控制不住地劇烈翻湧。她知道，這是人生的一座分水嶺，所有的美好純真好像都留在了上輩子，曾經對前方的困難一無所知，以為美好之後仍是數不盡的美好，幸福之後一定是不會被推倒的幸福，完全沒有想到命運會走到這樣的分岔口。

當民政局（編按：在臺灣，辦理離婚須至戶政事務所）的工作人員把離婚證擺在她眼前，腦海中嗡的一聲巨響，從今以後，她要和兒子成為生命共同體，相依相伴。

總覺得對孩子很愧疚

離婚後，王睿一邊工作一邊照顧孩子。每天早上六點半起床，做早餐，一頓收拾忙碌，七點四十準時將兒子送去幼兒園後，再上班，下班後又匆匆趕去學校接孩子回家、做晚飯、陪孩子刷牙洗臉、洗澡……一個人完成日常的整套流程，有時候難免手忙腳亂。令她欣慰的是，兒子從不吝於表達愛意，小傢伙總是把「媽媽，我愛妳」掛在嘴邊，時時黏著她，每天晚上要等到媽媽上床了，他才肯一起入睡。

剛離婚的那段時間，憂鬱心情一直伴隨著王睿。她常常在情緒接近潰堤的時候，逼著自己多想想兒子，於是馬上又讓自己表現得像個女戰士，守好兩人的堡壘，盡力讓愛充滿其間。她告訴我，離婚像一塊大石頭重重地壓在心底，無論如何都搬不走。當同事、朋友問起自己的婚姻狀態時，她依然沒有辦法自然地告知；有時翻到手機幾年前的照片，還是會忍不住黯然。往日的甜蜜和幸福關上了大門，她被孤立無援的感覺包圍。

離婚後的兩年時間內，她都處於這樣的「過渡期」，一邊調整狀態，一邊摸索著一個人帶孩子生活的節奏。例如，她會懷疑是不是自己做錯了什麼，才讓兒子在和其他孩子不一樣的環境中成長，她深深為沒能給他提供一個雙親共同養育的家庭而感到內疚和自責：

每天只有早上醒來看到睡在旁邊的兒子會開心一會兒，其他時候都是輕度憂鬱的狀態，覺得自己好倒楣，為什麼會碰到這種事情，好好的一個家，沒了。

有一次，我帶兒子去上英語課，老師問：「你家裡有幾個人？」小孩舉起兩根手指。老師問：Only two？（只有兩個人？）我坐在教室後面，當時就把頭低下去了，羞愧得不知道和老師怎麼解釋。

第一次訪談的兩個月後，我和王睿再次見面，是在她兒子五歲生日的聚會上。小男孩戴著可愛的生日帽，在房間裡興奮地和朋友們追著跑，正是調皮好動又無憂無慮的年紀。

我們一邊吃著生日蛋糕一邊聊天，她感慨地說：「終於長到五歲了，太不容易了。」她有一個習慣，時常會把兒子的小腳放在自己的手心裡丈量，剛出生的時候，大約只有一根食指那麼長，慢慢長到了她的掌心那麼長，現在已經超過她一隻手的長度了。隨著孩子逐漸長大，隱藏在她心底的擔憂也慢慢浮現：如果有一天，孩子問，為什麼他的爸爸沒有一起生活，或是為什麼爸爸媽媽離婚——她實在不知道應該怎樣回答，才能安撫他。

同樣讓王睿感到力不從心的是工作。離婚前，她對這份從激烈競爭中脫穎而出的工作傾注極大的熱情，一直盼望著能做出更多成績，學以致用，實現自我價值。然而在開始過著獨自撫養孩子的生活以後，她常常感到獨木難支，因而不得不主動調整，捨棄掉一部分工作上的野心，不敢再期待自己和其他同期入職的同事一樣，在一定時間內達成職稱評選和職位晉升的目標。

離婚前後的三年時間裡，她的生活和心理都像是經歷了一場龍捲風，不得不放慢工作節奏。當其他人可以心無旁騖加班時，她必須要準時衝回家陪孩子，做家務。忙碌了一整天，哄孩子睡著後想再工作一會兒時，她已經睏得睜不開眼皮，只能倒頭休息，為第二天的「戰鬥式帶孩子」儲存體力。一個獨自撫養孩子的職場媽媽，同時要平衡好工作和育兒之間的關係，讓王睿感到更為艱難。她既擔心自己無法在工作上有所進展，又焦慮因為比別人少了幫手，而無法將育兒這份職責做好。

在我訪談的數位單親媽媽中，幾乎每個人在剛剛進入單親生活時都曾經歷過擔心被指點議論、難以釋然的過渡階段。她們憂慮自己的身分不被社會主流價值觀所接受，也都對「離婚是否正確」有過反覆斟酌和懷疑，甚至是自我指責。

這段時期往往是單親媽媽情緒最低落、最孤獨無助的階段，除了需要走過心理上的難關，還需要花時間學習，獨自應對生活中的細微末節，比如家務、子女教育、家庭理財、打點各種社會關係等。

當她們感到無法駕馭這樣的生活時，往往又會將遇到的一系列挫折歸結為婚姻的失敗，或是個人選擇的問題。

不少單親媽媽會落入的一個陷阱是「內疚式育兒」，認為是自己在婚姻中造成問題，才會導致孩子不得不在單親的環境中成長，愧疚心理讓她們情不自禁地把「補償孩子」放在第一優先順序，而將職涯發展、職業技能提升、離婚後的個人情感需求等排在靠後的位置。

這背後反映出整個社會對於女性養育角色的期待——母親是孩子的主要照料者，一旦養育孩子的環境發生結構性變化，例如，父親離開家庭，母親則傾向於將單親的家庭結構視為自己在育兒上的弱勢，認為不利於孩子的身心成長，擔心他們更容易出現心理和性格上的問題……

在難以言說的「羞恥感」之下，單親媽媽們通常會經歷重新找回自我價值的漫長過程。

離婚不離家

曉雪，淘寶店店主，和前夫是大學同學，畢業後兩人一起來到一座沿海城市工作、結婚、定居，今年三十八歲的她，是兩個孩子的媽媽。前夫在一家國營企業工作，長期加班，又經常出差，帶孩子的參與程度很低，這是他們日常爭吵的主要原因，也是離婚的導火線。

離婚的整個過程非常迅速果斷，沒有對任何財產相關問題進行談判。她告訴我：

大女兒出生後，他就參與得很少，這些肯定是為日後的離婚埋下了遠因。他在帶孩子這件事情裡面參與度太低了，對整個家庭的付出就非常不夠。我當時想的是，現在我沒房貸也沒車貸，然後也還能賺錢，離就離，不需要依靠他。

離婚的時候，他不要我的錢，我也不要他的錢，我當時都沒想到要什麼，他（收入）比我高，工作比我穩定，理論上應該每個月再給我一些錢，（但我）完全都沒有想到和他要這些。

曉雪認為，正是自己賺錢的能力，給了她決意和前夫分開的底氣，「如果自己賺不了什麼錢，大概很難離婚。」大學畢業後，她一直在電商行業工作。生完第一個孩子之後，她考慮到「時間靈活，照顧孩子方便一點」，便獨立開了一家網路商店。經過五年多時間的辛苦經營，網店做得蒸蒸日上，每月平均的收入已超過她之前作為「打工人」（編按：上班族）時的薪資。

然而，自己開店並沒有想像中那麼自由，日常工作繁瑣零碎。為了節省開支，選品、客服、打包貨物、發快遞等，都由她一人完成，從早到晚幾乎沒有個人的休閒時間。用她的話說就是，不是在做「店小二」（回客戶的訊息），就是在做「搬運工」（打包發貨），一天下來累得腰酸背痛。

曉雪每天早上八點送完孩子後就上線，開始處理店裡的各種事務，下午五點以後不再發快遞，因為要去接姊弟倆放學；晚飯後，她在幫孩子們洗澡、督促做功課的同時，還會把握空檔回覆客戶詢問的訊息。她母親常年和他們住在一起，幫忙做飯、打理家務。孩子的爸爸常常喝酒應酬到深夜才回家，那時姊弟倆早已進入夢鄉，曉雪也累得不想再說話，但這時不免會和帶著酒氣的孩子爸爸吵架，一旦開口，兩人就一次又一次陷入相同又似乎無解的矛盾和爭吵中。

當初因為前夫的工作關係，曉雪跟著來到這座沒有任何親朋好友的城市，本想兩人能在異鄉彼此關愛、互相扶持。連著生下倆姊弟後，她好像徹底失去屬於自己的人生，整日只能為孩子而活，為老公而活。

在這座城市裡待了快十年，沒有幾個稱得上知心知己的朋友，除了偶爾和曾經的同事聚會吃飯，聊聊家務瑣事、孩子的學業之外，她從來不對任何人說起婚姻中不足為外人道的苦悶。提出離婚，是她對這一切的反擊。長久的累積像一座火山一般，爆發前早已蓄滿了難以想像的能量。

然而，不可否認的是，今日社會對女性價值的評斷，往往停留在她是否遵循傳統父系道德：選擇離婚，在一些社會輿論看來，是女性沒有做到妻子的溫良本分，沒有守住家庭的能力；選擇成為一個單親媽媽，更是和主流文化背道而馳，將自己的生活變成困難模式，從此不得不辛苦地「既當爸又當媽」。

曉雪的父母總是勸她為了兩個孩子的未來，在婚姻裡多多忍耐，對她主動結束婚姻這一決定不僅從未表達過支持，還經常為此感到「丟臉」。在他們眼裡，對方工作穩定，也沒有生活上的壞毛病或壞習慣，不投入育兒，也是因為他工作忙，「妳當老婆的，要多理解多支持」，兩人無論如何都不應該走到離婚的結局。對於父母的態度，她頗為無奈地說：

離婚兩年以後，我爸還時不時給我發訊息說什麼家和萬事興，還一直幫著他說話。父母想的那一套完全都是「維護表面的家庭和平」就好了，從來不會想想我的感受，多麼委屈，多麼不自在……

「現在話語權在我這裡」

曉雪目前和前夫相處平和，甚至有一種「離婚沒離家」的奇妙感覺。因為共同撫養孩子，住得又近——前夫在她的住處對面租了房子，夜幕降臨時，站在陽臺上能看到彼此家中的燈光。無論在情感還是日常生活上，他們依然存在著千絲萬縷的聯繫，時常見面，例如，週末會帶孩子們一起外出用餐。

曉雪是個快人快語的四川妹子，她告訴我，以前兩人吵架的話，她會耿耿於懷、心情低落上好幾天；現在她會把自己從對方的人生抽離出來，用旁觀者的心態來看待——前夫無論是應酬喝得爛醉如泥，還是遇到其他事情，她都抱著「關我屁事」的念頭，變得前所未有的自在。她還笑著說：「老娘好不容易自由了，想和哪個男的見面約會，也沒有什麼道德約束，可以理直氣壯了。」

曉雪一直期待前夫能在離婚後有所改變，在照顧孩子方面多主動承擔一些責任，但現實並沒有朝著這個方向發展。每次前夫需要去外地出差，就會毫無顧慮地把女兒放在曉雪家裡拜託她照顧。

在她看來，這是一種享受了自由，卻沒有認真履行義務的雙重標準生活——每當前夫感受到約束，便馬上以離婚人士自居；每當需要人手幫忙時，他又會毫無愧疚地拿出另一套說辭來逃脫部分的責任。

提出存在主義女權理論的法國作家西蒙．波娃（Simone de Beauvoir）在《第二性》（*Le deuxième sexe*）一書中，這樣評價男性在婚姻中的典型心理：「男人結婚是為了安居在內向性中，而不是為了被關閉在裡面；他要一個家，但還要能自由逃離它；他定居下來，但他的心裡，往往仍是一個流浪者。」[18]

而曉雪則恰恰相反，因為強烈的母職意識，不論離婚前後，她都將家作為自己離不開的「根據地」。她很少獨自出門，每次不得不外出的時候，都會在腦海中冒出一連串問號：「我不在家的時候，孩子吃飯怎麼辦？他們的功課怎麼辦？」這些問題似乎從來不在前夫的考慮範圍內，兩人的角色和分工一直沒有發生本質性的改變：

我就覺得好像走不開，家裡一大堆事情都得管著。我要完全丟給他，好像還不放心。他好像隨時可以出門，想應酬就應酬，晚上很晚都不回家，想出差就出差，要幹嘛、要走幾天，都覺得沒問題的。

我要他少應酬，多關心女兒功課，他又會說：離都離婚了，妳憑什麼管我？好像我就是他媽，無論怎麼樣我都應該幫他。

我也想離家出走幾天，想去哪個地方待上一個星期再回來，我也想讓他不要加班了，就好好照顧孩子吃喝、上學、做作業，但我覺得自己就是放不開。而且我媽在家，我要走的話，他肯定還是會依賴我媽媽。

離婚，讓曉雪在法律意義上重獲單身的自由，彷彿從此可以擁有海闊天空。事實上，她一次也沒有使用過這樣的自由，因為她既需要工作來保持獨立生活的能力，在經濟意義上掌控自己的人生，又需要關注和回應孩子們的需求。

儘管女兒平時和爸爸住在一起，但她會在心裡不時地提醒自己，不能因為離婚就把女兒都推給爸爸，還是要盡量和從前一樣照顧她，關心她。

上野千鶴子在《父權制與資本主義》一書中也指出：

「女性背負著百分之百的家庭責任（家務、育兒勞動），同時還要外出工作。女性的雙重角色（dual role），意味著雙重負擔（dual burden）。」[19]

殘酷的是，即使婚姻狀況發生了質的改變，母性的雙重負擔依然難以卸下，甚至還因此加重。

曉雪告訴我，離婚三年多來，前夫向她提出過幾次復婚，但她始終沒有答應，主要是前夫對於家庭的投入程度依然讓她心存憂慮，擔心自己兩次踏入同一條河流，重蹈覆轍，再度陷入無盡的爭吵中。

她不會為了填寫個人資訊時候在「已婚」一欄打勾，而在現實中委屈生活，在她心中，復婚不應該是潦草而隨意的，而是相當於重新擇偶，重新戀愛。

她需要看到前夫有了明顯改進才願意進一步考慮未來。她語氣篤定地對我說：「現在話語權在我這裡，想復婚（的話），他必須要把我重新追回去。」

「對成立完美的家庭，沒有特別的執念」

立雯，四十五歲，在上海一家外商從事人力資源工作，五年前離婚，帶著剛滿八歲的女兒和父母共同生活。離婚是她主動做出的人生選擇，回憶起當時結婚的狀態，她用了「倉促」兩個字來形容。

她告訴我，自己好像一直沒有體驗過「很心動、很和諧的關係」。三十三歲時，立雯在一個偶然的場合遇到前夫，兩人當時都到了談婚論嫁的年紀，從相識到進入婚姻，用了前後不到一年的時間。這樣的匆忙似乎為他們的關係定下基調，以至於兩人在同一屋簷下生活了很長一段時間後，依然「磨合得不是很好」。她說結婚第三年時，自己第一次動了離婚的念頭：

> 我當時有兩個選擇。一個是，我離婚，無孩，再找一個人生孩子。當時我已經三十五（歲）了，有生理年齡限制的問題。我不是要不要孩子都無所謂的那種，我是很明確地想要孩子，那就意味著要在四十歲之前把這

件事情完成了，離了婚之後再找一個願意（一起）生孩子的人，就覺得難度很大。離了婚以後，有生育的壓力，可能就會處於很焦慮的心態，在這種心態下，也不見得能找到真正很好的伴侶，我沒有這個信心。第二個選擇是，如果生完了以後再離婚，反而選擇更多，有合適的男朋友就交往，不一定再結婚。如果真的遇到很好很合適的人，再結婚也可以。這樣會比沒有孩子的情況下離了婚，急於找一個人完成生兒育女的目標，要好很多。

我懷孕之前，就很想要一個女兒，因為我覺得萬一要離婚的話，他們家是不會爭女兒的。如果是兒子，他們肯定就會爭，他們家是山東人，還是比較重男輕女的。

在這段關係中，立雯沒有把自己當作客體，沒讓自己受制於另一個主體，也沒讓自己的全世界都圍繞著對方運轉。她把在這段婚姻裡的去留選項，都抓在自己手上。法國哲學家薩特（Jean-Paul Sartre）曾說過，「人是自由的動物，人的存在是先於本質的，本質是什麼，不是天註定的，而是取決於我們怎麼活。」

立雯面臨的便是選擇「怎麼活」。波娃在《第二性》中對缺乏自我意識的女性，有過這樣的批判：

「女人自己也承認，這個世界是屬於男性的，正是男人塑造了它，支配了它，今天仍然在統治它；至於她，她不認為自己對它負有責任；可以理解，她是低一等的、從屬的……她封閉在自己的肉體和住宅中，面對確定目的與價值、長著人面的神，認為自己是被動的。」[20]

立雯恰恰站在了被動的對立面，之所以能夠在兩種選擇之中考量和權衡，是因為她知道可以確保自己擁有主動改變、進退自由的能力，而不是活在一些世俗的界定和限制裡，像一片落進小溪裡的樹葉，隨波逐流。

女兒在盼望中出生，呱呱墜地的那一刻，立雯感受到了過去從未有過的安寧和美好。生孩子之前她經常出差，休假時會約閨蜜一起遊山玩水。她描述自己當時的狀態是，「能享受工作，也很喜歡旅行，但是停下來的時候，又好像一下子會有點空虛。」孩子出生那一年，她剛過三十七歲的生日，是身邊朋友中最晚當母親的。她格外珍惜這個「中年得女」的經驗，小生命的到來，讓她擁有了前所未有的豐盈感受。從坐月子開始，她請了一個居家保姆，幫忙一起照料寶寶、打理家務。

她曾期待前夫能在當父親後有所變化，像是積極地投入育兒，分擔部分家務，卻換來對方過於坦率的直言——「改變不了自己，也不想做出什麼改變」。她無法感受到對方的情感支持，因此更加明確了心意——不希望在一段缺乏感情基礎的婚姻裡「喪偶式育兒」。她認定不可能指望男人改變，也不想過這一輩子一眼望到底的生活，於是主動提出離婚。

由於婚姻內財務一直各自獨立，所以沒有任何財產分割的問題。雙方很快達成一致，果決地給這段婚姻劃上了一個句號。當時不到三歲的女兒交由立雯來撫養。她告訴我：「可能我自己的原生家庭很幸福，所以對一定要有很完美的家庭，沒有特別的執念。」這也是她下定決心獨自撫養女兒的重要信念。離婚後，情緒上少了許多內耗，她反而感到釋然和自在，對女兒的教育也能更加聽從內心的意念，她坦誠地做了一番對比：

我覺得如果（前夫）真的是一個好隊友，可能（離婚後）媽媽一個人帶孩子還是很辛苦的，會感覺一下子缺少一個能依靠的肩膀。但像我們之前的那種情況，我就不覺得離婚和不離婚有很大的分別。孩子的爸爸以前在帶孩子方面本來就不太能貢獻得上什麼力量，他能做的、不能做的，我和保姆都能搞定。而且以前一起生活時，我得經常去安撫他各種不滿的情緒，給他排解，還時不時產生一些衝突，干擾我的情緒。

離婚的好處是，我教育女兒的時候，就只有一種聲音存在，我不用跟人有分歧，也不用吵架，我決定就拍板了，也不用跟別人再商量。

沒必要營造幸福原生家庭的假象

離婚前是立雯在家陪伴女兒的時間比較長，所以離婚初期，對於尚幼小的女兒來說，並沒有感覺到「爸爸從此不在這個家」的失落感。女兒上小學後，才意識到自己和其他孩子有所不同，因為爸爸不會在她的學校出現。

有一天，女兒問起：「別的小朋友都是跟爸爸生活在一起的，為什麼我就不是呢？」

立雯早就知道，這一天終歸會到來，於是選擇實話實說：「因為爸爸和媽媽離婚了，所以分開住了，我們還是很愛妳，對妳的感情不會變。」在她看來，如果父母感情不和，經常吵架，甚或暴力相向，小孩一定會敏感地覺察到。與其遮遮掩掩，不如早點呈現真實的一面，讓女兒瞭解生活中發生的變化，不一定是壞事。和其他同學的家庭不一樣，也並不是一道不可逾越的鴻溝。於是，女兒和她之間發生了這樣一番對話：

女兒：為什麼媽媽會和爸爸離婚？

立雯：因為我們之間性格差異很大。

女兒：你們怎麼結婚之前沒有發現？

立雯：因為我們倆婚前瞭解不夠，一直是異地戀愛，沒有真正朝夕相處過，然後又很短時間就結婚了。

女兒：那將來我找老公一定要跟他生活一段時間，多多瞭解以後才跟他結婚。

立雯聽後忍俊不禁，又感到欣慰：「沒想到，她對我們（離婚）的事情，比想像中接受度更高。」這也讓她更加確定，作為母親，她有權利將自己的情感需求放在首位，如果感情明明已經破裂，也就沒有必要為了孩子刻意營造一種幸福原生家庭的假象。

如果能夠想清楚，一段婚姻走不下去不是媽媽一個人的問題，選擇離婚也是雙方在權衡所有利弊之後做出的成熟決定，以比較平和、寬容的心態看待感情破裂，並且為以後的新生活做好規劃，那就可以讓孩子坦然接受和面對家庭的變故，自己也能避免落入「內疚式育兒」的陷阱中。

立雯也曾擔心過自己的婚姻狀態是否會對小孩造成困擾，長期在單親環境下長大的女兒是否會出現性格上的明顯缺失，例如，懦弱、膽小……後來，讓她從這些擔心中解脫出來，並感到釋然的原因，是女兒的原生家庭有所缺失是既成的事實，而望向四周，身邊那些在婚姻裡的中年朋友，夫妻之間也各有各的煩惱和問題，其實完美的夫妻關係和親子關係並不存在。身為獨自撫養孩子的單親媽媽，她相信，如果媽媽能把自己看成是可以控制局面而非受牽制的一方，坦然接受離婚帶來的各種影響，那麼孩子成長中可能會出現的問題，也不會成為不可逆轉的缺憾，她有信心能和女兒一起面對未來的種種變數：

如果爸爸還在家裡，可能會有其他問題。現在比較好的一點是，女兒不會再面對我們的爭吵。

我對女兒說：「不管在什麼樣的情況，遇到再大的問題，關鍵是要擁有能夠把問題想通的能力，如果妳能夠把問題想通，妳的生活就可以很好地運轉下去。」我覺得培養小朋友這種能力還蠻重要的。

現在很多小朋友一遇到問題，就憂鬱了、跳樓了什麼的。我一直希望女兒遇到問題，能正向一點，多看好的一面、積極的一面。

立雯承認，獨自撫養女兒需要更多的時間和精力，自己的事業發展難以避免地受到影響。離婚後，她向上司坦誠自己的婚姻狀況，並得到對方的理解。她從原先部門負責人的職位上主動退下來，接受調動，轉到另一個工作節奏相對輕鬆的部門，方便準時下班回家陪伴女兒。她在這家公司已經做了十多年的時間，累積還算扎實的成果，經濟上能夠獨立，即使未來的薪水不再有調漲空間，也還在她的預設範圍之內。

養育女兒花費她大量的時間和金錢，滿足感和成就感也始終充盈著內心。女兒由於鋼琴特長被選入學校樂團，她為之自豪。每個週末女兒上鋼琴課和圍棋課的時候，她自認為是一名合格的「旁聽生」，跟著學懂了五線譜、指法、棋譜。

陪伴小孩成長的過程中，她感覺到自己也在持續吸收以前沒有機會學習的新知識：「要是我有一天失業了，可以去當個鋼琴陪練。」

她將大部分收入都投注在女兒的教育上，已經好幾年沒有給自己添新衣、買新包，放棄了一些曾經習以為常的消費，例如美容、出國旅行等。周圍總是有人和她說：「妳一個人帶孩子應該很不容易」，在她的觀念裡，無論婚姻狀態如何，做母親本身就是一件很不容易的事，自己並不覺得獨自撫養女兒特別艱難，也不需要他人額外施以同情。每次聽到親戚朋友做出這樣的評價，她都會笑著回應：「一個人帶孩子整體還是蠻好的，沒有想像的那麼累。做媽媽是很辛苦，但沒必要去誇大這份辛苦。」

在訪談過程中，我可以明顯感受到立雯對單親媽媽這一身分的大方接受。她將離婚視為人生選項之一，而不是不可挽回的失敗——這樣的觀念轉變幫助她快速地調節好情緒，適應並駕馭單親家庭生活。離婚後，她依然能平和地與前夫往來，讓小孩感受到，爸爸一直在自己的生活裡出現，父愛並不會隨著父母的分開而消失。有時候，女兒會去爸爸家裡過週末，或是一起旅行。她告訴我，「雖然不住在一起，但女兒每次見到爸爸還是會開心地撒嬌，有時候會玩到不想回來，父女的血緣是分不開的。」

恢復單身後，立雯曾經交往過一任男友，最終還是因為一些原因分開。她說自己不會再輕率地進入一段婚姻，但是依然會認真地對待每一段關係。至於再婚，她認為需要考慮的因素太多，而在她看來，婚姻並不是一件人人都需要完成的事情。她嘗試過，結束了，便成為一段過往的人生經歷。

眼下最重要的是孩子的成長教育。女兒讀小學後，她整日忙碌於接送、陪讀，專注過好母女倆的親子生活，自認暫時沒有額外的精力去經營一段親密關係。和異性比起來，她現在更享受同性之間的友誼和互助。她和女兒幾個同學的媽媽相處愉快，假期相約聚會，一起享受短程旅行。她還有一個在外地工作的兒時玩伴，兩人經常一起分享讀到的好文章、聽到的好音樂。她感慨，到了這個年紀能擁有一個這樣的朋友很難得，彼此之間從不聊工作、孩子、伴侶，完全只聊自己真正感興趣的事情。例如，兩人最近都在讀林語堂的《蘇東坡傳》：

上學讀書的時候，我就很喜歡蘇東坡的詞，還會和同學爭論他到底是屬於婉約派還是豪放派。我以前很喜歡他的「十年生死兩茫茫」，現在更喜歡一些豁達的詞，「一蓑煙雨任平生」……「也無風雨也無晴」。

一項調查資料顯示，現在中國的單親媽媽至少達兩千萬人之多，這是一個非常龐大的群體，其中超過六成面臨較大的經濟壓力。其中一部分為了撫養孩子長大，兼職多份工作，還有一些受困於不懂得職涯規劃，而陷入長期迷茫與無助中，亟需社會公共系統的支援和引導，例如，公益心理諮詢、職涯規劃指導、社區定點幫扶，等等。[21]

上述三位單親媽媽都是來自都會區的中產階層，具有良好的教育背景，擁有穩定的工作，也沒有為經濟問題而煩惱，但她們依然面臨工作和育兒的矛盾，必須在兩者之間努力取得平衡，這也是單親媽媽普遍面臨的難題。

由於社會輿論的壓力，一些單親媽媽不願意公開身分，認為這是不被主流文化所接受的。她們會對親友隱瞞婚姻現況，或避談曾經的配偶。她們擔心孩子被其他同學知道自己來自單親家庭後，容易受到排擠或是受到另眼相待，同時也擔心孩子因為缺少父親的陪伴而出現性格上的缺陷。離婚後，她們都成了孩子生活中最重要的人，在日常照顧和遇到困難時，求助的對象通常是自己的父母，從而在經濟上、精神上得到輔佐和支持。

也有一些單親媽媽大方面對獨自撫養孩子的狀態，將單親家庭視為一種全新的生活方式，不會將之視為急轉直下的命運，她們感受到，終於可以一切由「自己說了算」，比從前在婚姻裡更有掌控感，這種內在力量的積聚也幫助她們釐清母職、職涯發展、個人情感和價值需求的關係。

如果說，成為母親是女性成長的一次蛻變，那麼，出於各種原因獨自撫養孩子的單親媽媽，可能會經歷更多的困苦與掙扎。在根據真人真事改編的好萊塢電影《永不妥協》（*Erin Brockovich*）中，茱莉亞・羅伯茲（**Julia**

Roberts）飾演一位愈挫愈勇的單親媽媽艾琳（Erin），從事業和生活的低谷中爬出，從全職媽媽成長為一名律師，給予泥沼般的過往以有力的一擊。作為一位選美皇后，她曾以為靠著閃耀的皇冠就可以過上夢想中的生活。在失婚兩次、成為獨自撫養三個孩子的單身母親後，艾琳沒有向生活妥協，而是從支離破碎的原有社會關係網絡中建立出一個嶄新的自我。

她的一段臺詞讓人印象深刻：「我不會放棄現在的工作，它使我第一次感到了被人尊重的感覺。當我走到他們中間，他們都不開口，他們在等我說話……」

很多人認為電影通常都是幸福的結局，而現實總是由一道又一道的關卡組成，大多數普通女性可能不會經歷電影裡如此大起大落的戲劇性人生。離婚後，她們通常需要一段時間來掙脫一些不必要的心理枷鎖，接受自己單親媽媽的身分，和孩子成為一個共同體開始新生活。她們向外界求助的聲音需要被聽見，哪怕再微弱，都是一個母親嘗試與社會建立的連結，都是她們下定決心之後的「永不妥協」。

第五章

全職媽媽：沒有第二個選擇？

「孩子三歲之前由母親照料，能成長得更健康。」
這一觀念的影響力非常之深遠，
也讓許多女性因此在某種程度上失去了自由。

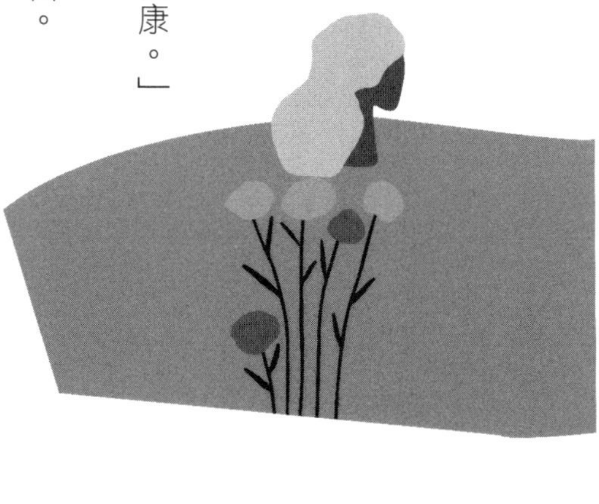

她們曾經擁有一份能賺取薪水、實現理想的工作；她們曾經每天早上在衣櫥前猶豫，穿哪一件「戰袍」好讓自己看起來富有親和力同時又勢不可擋；她們曾經期待和其他男同事一樣，努力工作，抵達職場上想望的境界。而現在，她們每天身兼數職，卻沒有任何薪水；她們將過往的職場服飾塞入衣櫥的角落，蹬著一雙運動鞋追著孩子跑；日日夜夜的忙碌中，她們假裝忘卻所謂的理想，視當下的生活為最好的安排；她們為了妻子和媽媽的身分需要，辭去工作，結果發現家庭也不是最後的避風港，充滿了不足為外人道的壓力，以及不知何處安放的自我。

「孩子三歲之前由母親照料，能成長得更健康。」這一觀點的影響力非常之深遠。它不僅僅是教育界的倡議，更是我們的日常規訓：母親對女兒、婆婆對兒媳、丈夫對妻子、親戚鄰居對新手媽媽……在各種場合都可以聽到類似的話，也讓很多女性因為這個魔咒而在某種程度上失去了自由。

訪談中，不少全職媽媽坦誠自己的焦慮：如果選擇工作，會擔心孩子；而選擇家庭，又擔心失去和社會的連結，害怕母職成為一座將外部世界隔離的圍牆。為什麼今日女性在看似可以自由選擇的背後，有如此多的左右為難、進退維谷？當全職媽媽們日復一日地將家庭運轉下去，她們正努力重建自我身分的認同，並期待被看見。

「從來沒想過會成為全職媽媽」

一個週一的下午，我在北京西城區的一間咖啡店與吳思見面。白天都是她的個人時間。下午四點後去幼兒園接兒子放學回家，做飯、吃晚餐、陪玩、給他刷牙、洗臉、洗澡、哄睡……這是典型的全職媽媽的日常生活。在我詢問她有關母職的問題前，她向我講述了這樣一個夢：

大概從十幾歲、青春期，一直到二十多歲，我每隔一段時間會做一個重覆的夢：我站在一個大大的教室中央，周圍全是圓弧形的椅子，一圈又一圈，都高過自己，我抬頭看四周，感到自己格外渺小，好像是困在了高高的椅子中間，無論如何，都找不到出口。從夢裡醒來，有一種強烈的壓迫感和焦慮感。

吳思把這個夢歸因於原生家庭帶來的影響。童年之於她的成長過程，就像漂浮在海洋裡的冰山，露出水面的僅是一角，另有八九成的體積在海水表面以下，龐大而沉默。她成年後付出的所有努力，包括成為妻子和母親後多重身分的轉變與疊加，都在幫助她丈量這座冰山下隱藏的答案。

吳思出生於南方的一座小城，六歲時父母離異，她便跟隨母親生活，成了別人口中的「單親家庭小孩」。父親有心理問題，離婚後沒有再正式工作過，不僅斷了給母女倆的撫養費，也幾乎從她們的生活裡消失。

父母的離異，對於年幼的她來說，意味著童年被迫結束。從那時候起，「懂事」「乖巧」不斷出現在她學校成績手冊的評語裡。小時候看到其他小朋友的三口之家，她內心滿是羨慕。從那時起，她便希望自己將來有了孩子以後，能盡最大力量提供一個健康、完整的養育環境。

吳思比大部分同齡人提早經歷了與至親的生離死別。二十七歲時，父親因為重病驟然離世，這次重大的變故讓她感到，「很多事情好像都是虛無的，只有人和人之間的親密感情是可靠且扎實的。」這股念頭推動著她，讓她迫切希望擁有屬於自己的血緣連結。父親去世的第二年，二十八歲的吳思和戀愛多年的男友步入婚姻，三十歲那一年，她如願成為一個小男孩的母親。當柔軟的嬰兒依偎在身旁時，她欣喜地感到生命的不可思議。

產假結束後，吳思曾打算如期返回原先的工作崗位。她說自己「生孩子之前，從來沒有想過會變成一個全職媽媽」，一直都對職涯發展充滿信心和期待。雖然那時工作壓力大，但那是她自我認同的重要元素，是鑲嵌在人生拼圖中的一塊，拿走了便不再完整。產假快結束時，丈夫換了一份工作，每個月至少需要出差兩到三次。

在這個時間點上，之前白天幫忙照顧孩子的保姆突然請辭回老家。眼看著即將重回職場，吳思首先想到，小孩怎麼辦？迅速找一個保姆來照顧嗎？在她看來，保姆只負責孩子穿衣、吃飯，並不能替代父母去承擔教育的職責，尤其隨著孩子的成長，行為習慣的培養更加需要父母的高度參與。而且，童年的經歷讓她始終有一個執念，希望給予孩子充沛的愛和照顧。

因此，她決定成為一個全職媽媽：

孩子還小，也不可能都交給老人家。帶小孩沒日沒夜的，萬一老人帶著帶著生病了怎麼辦？我身邊就有這種例子，到時候既要照顧老人，還要照顧小孩，更累。怎麼辦呢？只有我回家。於是產假結束後，我就直接去辦離職手續了。

在那個階段，履行好母職是她最重要的事，對於何時重回職場並沒有明確的時間表，她只想著等孩子長大一些，再重新找份工作。起初，吳思安心地待在自己選擇的角色中。她認為，全職媽媽只是家庭內部的分工。一個去賺錢，另一個照顧家庭，只要夫妻倆達成一致，就不存在誰的工作更偉大或是低人一等，也不應該只是用賺錢的多少來衡量誰對家庭的貢獻更大。她把全職媽媽當成一份工作，在家庭中開闢出「第二職場」——把之前在工作中養成的時間管理和規劃思維，運用在照顧孩子身上。但潛意識裡，她還是希望得到家人、丈夫的認可，以證明她做了正確的選擇。

實際的工作比想像中更瑣碎且鉅細靡遺，吳思的手機裡不再是和朋友外出聚餐的美食照片或是旅途中遇見的美景，而是嬰兒不同角度的照片、從網路上搜集的副食品食譜。她根據不同月齡階段制訂出飲食計畫，標註出每一餐、每一種食材所需的份量；她還列了一張小孩從早到晚的時間表，什麼時候喝奶、睡覺、出門玩耍、學齡前活動……一切都安排周全。

她的時間被調整成「嬰兒時間」，睡眠被分割成碎片。孩子進入長牙期之後，時常夜醒、哭鬧，像一隻不知所措的小獸，需要她半夜爬起來安撫、哄睡。因此，她晚上也不敢睡得太沉，一有動靜，就本能地起身照看嬰兒床裡的動靜。全職媽媽的身分，讓她默默地接受了男主外、女主內的傳統性別分工，也讓她在「高強度履行母職」的路上一路狂奔。

由於丈夫工作忙碌且經常不在家，兒子和爸爸接觸的時間比較少，凡事只認媽媽。有一天半夜，兒子醒了，不管如何哄睡都不成功，吳思只能一直把他抱在手上，在房間裡來回踱步。小孩彷彿在黑夜裡裝上了敏銳的雷達，一旦發現換成爸爸，立刻本能地發出嘹亮哭聲，沒有一絲停止的意思，直至再回到媽媽懷裡，辨認出熟悉的味道，才能安靜下來。為了不打擾鄰居，吳思只能一連抱上幾個小時，折騰到後半夜，才勉強闔一下眼皮，一大早又爬起來開始一天的忙碌……經歷重覆無數次後，她充分體認到，全職媽媽是一份從早到晚、沒有下班時間、沒有年假的工作。與此同時，她敏感地發現外界對自己的評價和期待逐漸發生轉變：

孩子一歲多的時候，我想過是不是出去做點兼職，主要是害怕自己被淘汰了。有一次全家一起吃飯的時候，我隨口提起，結果婆婆直接在飯桌上說：「妳現在只要把孩子帶好，像妳這樣結婚生了孩子的，公司也不會再把什麼重要的工作交給妳」……言下之意是，現在別想工作的事情了，好好帶孩子，做個賢妻良母就行了。

聽到這個我當時蠻震驚的，因為我覺得我婆婆在同齡人中，算是觀念還比較開放的，平時也不太管我們夫妻的事情。沒想到她當著我的面，能說出這種話來。

還有一個女性朋友看我全職在家時間長了，就勸我：「反正妳不上班，妳老公賺錢養家，不如再生個二寶吧。」她說的時候口氣特別輕鬆，我一下就噎住了，不知道怎麼回她。

在婆婆和朋友的話語間，吳思驚訝地發現，原來自己已經被釘在「全職媽媽」這個看起來充滿愛和奉獻的角色上，從此人生內容只有生孩子、帶孩子，生完一個再生一個，作為女性的價值好像也僅剩這些，其他諸如工作、興趣愛好、個人成長和發展等，都可以為此捨棄。

幾乎可以這樣理解：既然做出了成為全職媽媽這個選擇，其他種種就都成了非必要，繁瑣、每日重覆的育兒事務也被視為理所當然——這樣普遍的社會認知，讓很多女性在回歸家庭後，懷抱著自責和內疚，萌生與社會脫節的擔憂，怕被人看作整日在家碌碌無為，年紀輕輕卻只做一些簡單的勞動，缺乏價值。

近兩年引起廣泛討論的韓國小說《八二年生的金智英》，就講述了一位普通家庭主婦的故事。表面上，金智英衣食無憂，女兒乖巧可愛，全職媽媽的生活也得到丈夫的支持。但在美滿生活之下，她的內心早已產生強烈的懷疑：在賢妻、媽媽、兒媳的角色之外，自己究竟是誰？得了憂鬱症的她「感覺自己彷彿站在迷宮的中央，明明一直都在腳踏實地找尋出口，卻發現怎麼都走不到道路的盡頭。」

金智英的困境道盡了大多數女性面臨的現實局面，從小被教育要乖巧、懂事的她們，成年後出於家庭需要和母性本能，放下職業理想，回歸家庭，全力付出。看似主動選擇的背後是社會對傳統性別分工的默認，使得女性在沒有自我意識的情況下，把永遠以孩子、家庭為優先的角色設定套在自己身上，在丈夫、小孩、家人面前，藏起所有的脆弱和夢想，成了一個不折不扣的隱形人。

吳思恰好也讀過這本小說，在金智英身上找到了很多共鳴，她告訴我：

以前覺得很多事情都是理所當然，後來漸漸發現，很多時候對女性的期待，都來自一直以來的教育，例如，女性要顧家，帶好小孩，幫助老公啊。如果自己不清醒一點，很容易被影響，等到痛苦的時候，可能還不知道問題是什麼。

就像金智英，一直以來都很努力地照顧家裡，到頭來發現從一開始這個迷宮是有ｂｕｇ（程式錯誤、故障）的，或者可能就沒有設置出口，只能一直在裡面打轉。

英國學者沙尼・奧加德寫作《回歸家庭？》一書時發現，那些放棄遠大職場前途、成為全職家庭主婦的女性，並沒有得到理想的生活，家庭也沒有成為其安全、溫柔的避風港。無論曾經是一位怎樣的女性，她都自覺必須和母親的身分合而為一，尤其是全職媽媽，更是常常在不知不覺中容忍丈夫投身事業、自己回歸家庭這種幾乎完全分隔的安排，將照料孩子視為一項隨時待命、長期作戰的任務，而在經濟上依賴丈夫的貢獻。

原本，吳思也打算照著這樣的故事線發展下去，但來自婆婆和朋友的評價，還有金智英式的迷宮，喚醒了她：如果和母親的身分一直綁定，只是圍繞著孩子的人生而轉，這是自己想要的人生嗎？

長時間和孩子待在一起，生活圈子也只有孩子、社區裡一起帶孩子的老人，她總是一遍遍地與他們交流著同樣的話題，考慮的也總是孩子今天吃什麼，大便如何，睡得怎樣。

她迫切地需要成年人之間的交流，而不是這樣無止境地擱淺在家庭生活裡，僅僅做丈夫背後的賢妻良母。

一次溫柔的提醒

在吳思決定向外探索，例如，嘗試做一些時間彈性的兼職時，她的身體發出了信號，持續的胃痛襲來。起初她以為只是沒有按時吃飯所致，直到在一次例行體檢中，醫生告訴她：「趕緊安排住院檢查，不排除是惡性腫瘤的可能。」

得知消息的一剎那，她心裡重重一沉，從醫院回家的路上，眼淚止不住地流下來。如果真是最糟糕的情況發生，孩子怎麼辦？誰來陪他長大？等待檢查和結果的時間，是人生中最漫長的一週，她做了最壞的打算來迎接檢查報告。

我查了很多關於這個病的資料，做醫生的朋友也安慰我，就算是惡性的，現在治癒率也很高，不用擔心。但我還是忍不住掉了很多眼淚，和我老公兩人在家裡躲開兒子，抱頭痛哭。

後來去醫院做了穿刺檢查，幾天後，醫生告訴我，是良性的，只是一個比較複雜的發炎反應，需要至少半年的時間治療、康復。聽到「良性」的那一刻，後面的話語我都拋諸腦後，這是聽過最好的一個消息，沒有什麼比這個更好的消息了！

吳思將這一場虛驚看作生命中一次溫柔的提醒，疾病和疼痛好像是一條分割線，讓她看見了自己的舉步維艱：「我不想做一個被人家覺得只會生小孩、帶小孩的全職媽媽，但心裡又放不下家庭，放不下小孩。」不論是往前一步，還是原地踏步，她都感覺自己被牢牢卡在母職中。

同時身為女兒、妻子、媽媽，在這些關係中，吳思總是盡量乖巧聽話。她選擇了做全職媽媽，身為小孩二十四小時的看護者，也會忍不住把自己和「媽媽不能出錯」的標準捆綁在一起。她希望在對孩子的日常起居照顧、早期教育等方面盡最大努力，才對得起全職媽媽這份工作。

人或許最容易被自我困住，很難分清哪個是社會的要求，哪個是自己的需求。只有先分清楚，才能做出取捨。她想知道，究竟應該為自己而活，還是活在他人的期待和評價裡？是活在彌補過去的遺憾裡，還是當下的選擇裡？她渴望自己的困境被另一半看見，期待丈夫能主動調整工作節奏，多分配一些時間、精力給家庭。她思緒奔馳，想著像丈夫一樣，即使有了孩子，也能一直理直氣壯、毫不猶豫地去追逐職場上的成就。

如果做媽媽的體驗不只有幸福和滿足，而是同時雜揉了沮喪、憤怒、失落等其他情緒，那麼母職也不應當成為一種對女性的單一、片面的美化，它的複雜性值得被重新審視。

即使一些女性踏出了這一步，看起來甘於躲藏在這個身分之後，但事實上，她們之中的很多人始終無法從中找到真正的人生價值，或許還在內心深處發出只有自己聽得見的聲音：「我啊，其實不適合做家庭主婦。」

進一步而言，全職媽媽的另一層隱含身分是全職太太，這兩個身分糾纏連結，團團圍在部分女性身上。沙尼・奧加德指出：

「要把女性陳述中母親角色的部分同妻子角色的部分分割開來比較困難，因為兩者在她們的生活中是糾纏在一起的……」[22]

雖然如今母職的文化明顯比過去更加多樣化了，既容許出現不符合異性戀規範的母親形象，也允許表達從前被視為禁忌的感受和經歷，但（刻板的）母親和母職仍占據和主導著大眾的想像。政策和媒體告訴我們，異性戀婚姻是健康社會的基石，而照料家人主要是女性的任務。」[23]

吳思坦言，在婚姻中，妻子或丈夫都不能百分百地做從前的自己。只要任何一方必須藉由壓抑個人需求來成全另一方，對一段長期關係而言，都是不公平的。過去她考慮問題時，總是從家庭的角度出發，主動退一步。而現在她認為，一個家庭的幸福不應該只是建立在妻子的犧牲上，如果一段關係裡需要妥協，也應該是雙向的：

以前覺得說到妥協是負面的、消極的，你沒辦法、你軟弱、你無能才會妥協。但現在覺得妥協在夫妻之間是個中性詞，每個人都要讓步一些，不然日子過不下去。（笑）妥協肯定不是女性單方面的，男人做一個好丈夫、好爸爸，也需要有妥協，捨棄A，付出B。

我以前看他帶孩子笨手笨腳的，總是歎口氣說：「算了，還是我來吧。」現在覺得就是應該多給他一些機會。夫妻之間沒有什麼不好意思的，太客氣了，壓抑自己，累病了，也換不來什麼。

電影《一一》裡有個叫簡洋洋的小男孩，喜歡拿著照相機去拍別人的後腦勺，把照片洗出來後告訴別人：「因為你看不到，所以我才拍給你看啊。」如果不借助外力，每個人只能看到部分的自己。我們因為各種關係，得以進入「他者」視角，重新認識和發現自己。

由於童年的家庭變故，吳思經常做同樣的夢（即本章開頭提到的夢）。而經歷父親去世、成為母親，以及一場惡疾的虛驚之後，她漸漸感到自己不是微小而無力的，不必總是待在乖巧懂事的角色設定裡。一個孩子、一個家庭的幸福，也不是必須依靠一個妻子、一個母親的犧牲和奉獻來達成。

吳思選擇將履行母職過程中所遭遇的困境，延伸為夫妻兩人需要共同面對的難題。她愈來愈明確地要求另一半共同承擔育兒責任，一起合作把

「帶孩子」這件事完成好。她以婚姻為中心，對原生家庭、孩子、工作進行重新定義。她從前沒有意識到，這之間存在著隱密的牽扯，以及無法避免的交集。

生活有時好像一團又亂又難打理的毛線，沒有人可以憑藉一己之力找出線頭。習慣於在家庭中兢兢業業的女性，格外需要把自己從中解放出來，以個體的身分和需求為起點，重新在這些關係裡找到位置，獲得真正意義上的平等相待和理解。

「沒有第二個選擇」

在一次朋友舉辦的聚會中，我認識了小熊。她皮膚白皙、大眼睛、身材修長，是很多人見了都會忍不住讚歎一聲的那種漂亮。儘管是第一次見面，熱心的她仍和我分享了很多有關養育小孩的經驗。我們交換了聯繫方式，從此不時收到一些她認為有幫助的育兒資訊，對當時還是新手媽媽的我來說非常受益。

大學畢業兩年後，小熊相親遇見了現在的丈夫，儘管雙方家庭背景相差頗大——她來自二線城市*的中產家庭，對方則出生於農村——但她覺得這並不是問題，兩人之間最重要的是價值觀相似、溝通無障礙。結婚五年後，孩子在計畫之中到來。在排除了一些不可能的選項後，她順理成章地成了一個全職媽媽：

我媽媽在外地做生意，是不可能放棄那邊的生活和工作來幫我的。然後我婆婆在鄉下，她一直不習慣住在城市裡，我知道也不可能完全把小孩交給她。我老公是飛行員，有時候飛長途，幾天都不一定能回來。保姆的話，也試過，沒找到特別滿意的。所以我沒有第二個選擇，只能做全職媽媽。

做媽媽第一年發生的各種變化，給小熊帶來了極大的衝擊。她告訴我：「雖然我認為他（小孩）這個時候可以來了，但生了以後，和我想像的不一樣，完全不知道會這麼累。」

孩子三個多月大時，小熊的乳房裡長了一個硬結，頑固到無論怎樣疏通都沒有辦法消除。她斷斷續續發了大半個月的高燒，乳頭周圍一圈開始化膿，皮膚破裂，痛到幾乎不能讓衣物貼身。接著是奶水愈來愈少，突然有一天早晨，她發現自己竟失去了餵奶這個功能。

小熊記得那時還是有些涼意的春天，小孩在一旁餓得哇哇大哭，她卻因為沒有一滴奶水而急得滿頭大汗，手忙腳亂地給兒子泡奶喝。因為之前從來沒有接觸過奶瓶，寶寶完全不知道該如何吮吸，對小小的他而言，那是質地、氣味和口感都陌生的異物。

歷經一整日拒絕進食後，寶寶發起高燒，送去醫院檢查，醫生說：「他的一些生理指數都在臨界點，如果還是不喝奶，只能先靠點滴維持。」

小熊聽到後不顧旁人，坐在診間裡自責地哭出聲：「我從來沒覺得（自

＊ 二線城市概指省會或經濟影響力不及上海、北京（一線城市）等國際都會之大城，如青島等重要經濟強市。

己）這麼無能過。」大約是喚起了某種母子之間的心靈感應，在醫院待了半小時後，小孩終於接受奶瓶，願意吮吸起來，沒有做任何治療，便被帶回家。

對於初為人母的小熊來說，那一次經歷是母職考驗的開始。比起自己生理上的疼痛，她更加心疼母乳只吃了四個月不到的兒子。

每每想到此，她內心都充滿愧疚，總覺得自己是一個「好糟糕的媽媽，怎麼都照顧不好（他）。」

為了早點成為一個所謂合格的母親，她愈發謹慎地對待「母親」這份工作，認真閱讀各類育兒書籍，嚴格「照書養」，例如，購買儀器時刻監測房間裡的溫度和濕度；嚴格監控食材安全，給寶寶添加米粉時，前後比較不下十個品牌的嬰兒米粉……而因為忙於照料嬰兒，她和丈夫之間的感情明顯發生變化，原本無話不談的兩人，彼此之間開始變得冷漠。瑣碎的育兒事務，再加上丈夫忙碌的工作行程，都讓他們好像無法再回到從前：

我們兩個是愛好完全不一樣的人，但（生孩子）之前每天睡覺前可以聊一個多小時，一起看了什麼話劇，聽了什麼音樂會，還有各種對事情的理解，等等。生了小孩以後，他就變得很冷漠，不怎麼和我聊天了。

有一次在社區裡，我去送個玩具給他們。他看到我走過來，話都不說一句，就把小孩遞給我，轉身離開，跑家裡去了。我永遠記得這件小事，就覺得我們怎麼變成這樣了，像機器一樣，沒有交流了……

我真的沒想到生完小孩以後，和以前的生活完全不一樣。我好像沒有了自我，甚至後悔過生小孩。然後我就發病了，嚴重的時候，會在家裡尖叫、發瘋、渾身顫抖，很恐怖。那段時間就覺得人生很灰暗。人家都說，做媽媽了多開心，我那時候一點也沒覺得，一直一直地哭。

小熊的母親曾患憂鬱症十多年，眼見女兒這般狀態，便建議她先運動，看看情緒問題是否可以有所緩解，如果沒有好轉的跡象，再去看醫生、服藥。關鍵時刻，她的母親伸出援手，放下手頭的生意，從外地趕來幫忙照顧小孩，好讓她在想出門透氣的時候，可以沒有後顧之憂。

因為及時被發現，介入調整，五個多月以後，小熊的產後憂鬱症有了好轉。她開始能感知到對小孩的愛是具體而溫暖的，不再像個機器人一樣，只是出於責任感，從早到晚機械式忙碌。雖然已時隔五年，回憶起這段過往的時候，小熊依然忍不住激動地紅了眼眶，淚盈於睫：

我覺得自己像被關進了小黑屋，大概快半年的時間，每天就像行屍走肉一樣。直到有一天我運動完，準備收拾東西回家的時候，覺得原來黑黑的房子裡，突然間鑿出了一道光，照亮了每一個角落。

從那時候起，我就知道自己慢慢好轉了，開始享受帶小孩的過程，有時候會約其他媽媽、小孩一起吃飯，出去旅遊。

回想起來，那段時間很恐怖。

產後憂鬱症對很多新手媽媽來說，是一場潛藏的劫難。當家人的焦點都在新生兒身上時，鮮少有人關心媽媽的情緒。哺乳不順利帶來的壓力、產後生理上的各種疼痛、內分泌的變化等，都可能是造成產後憂鬱症的因素。根據中國精神科醫師協會統計，產後憂鬱症在中國的發病率約為七．

三%至三七．四%，出現情緒低落、悲觀絕望、煩躁不安這些產後憂鬱症狀的產婦，比例更是高達五○%至七○%。[24]

奧娜．多納特在《成為母親的選擇》裡指出：「人們普遍認為成為母親除了是為孩子開創新生以外，也同時為女性的生活開創新的一頁。

而在過去的幾十年內，人們開始認識到母親身分會使人耗盡所有並失去自我：『雖然摯愛的孩子出生了，但我知道新生的媽媽也失去了某些東西，她們的人生歷程變得更為艱難。就某種程度來說，在母親們對孩子的喜悅之下，她們悄悄地哀悼著先前的一部分自我。』」[25]

小熊亦是因為身分的轉變，而默默地在心底懷念著從前的那個自己，其間所產生的心理落差，是形成產後憂鬱症的重要原因，卻又常常容易被忽視。因為新生兒出生後，親友們都認為這是一件喜事，沒有人——尤其是孩子的母親——應該為此感到哀傷。這也讓很多女性為出現憂鬱情緒而感到自責，甚至自我洗腦為「這是不合時宜的。」

我們常說嬰孩從母親的身體裡而來，當臍帶被剪斷，離開母體的時候，便意味著他／她踏出了獨立的第一步。對母親而言，孩子呱呱墜地來到世界的那一刻，也意味著她們必須和過往的一部分自我悄然揮別，並且勇敢地跨過舊日的身體和靈魂——母親們需要時間、精力和智慧才能習得這種勇敢，並非天生自有。然而在我們的文化裡，人們通常會用「為母則強」來輕描淡寫地這一切，似乎並沒有給母親們留有脆弱的空間和時間。

「希望自己能早點獨立」

一九五〇至一九八〇年代的中國，育兒由集體和單位制的形式來承擔，並被納入國家公共職能的一部分。吃「大鍋飯」的國營企業內設有托兒所、幼兒園，大大減輕城市女性工作者的負擔。

一九九〇年代市場化改革後，育兒被重新視為私人領域的事務，回歸到家庭中完成。育兒開始私人化，成為一個小家庭甚至是母親一個人的職責。如今愈來愈多的職場媽媽選擇回歸家庭，其背後的原因是，熟人親屬和原先的社會支持系統都不復存在，現代化大城市的公共設施和社會系統，例如，母嬰室、〇到三歲幼兒的托兒所，也都缺乏足夠完善的支撐，女性只能「責無旁貸」地投入大量個人的時間、金錢、精力，留守在家庭裡成為照看孩子的主力。

全職媽媽的前三年時間裡，儘管疲憊，小熊依然覺得這是一項豐富、有挑戰性而且充實的工作。孩子上幼兒園後，小熊發現孩子開始有了自己的小世界，喜歡交朋友、和學校裡的老師聊天，對於媽媽的親密需求也不像小時候那麼高了。她樂意看到這樣的變化。

反觀自己，三年全職媽媽的生活讓她幾乎隔斷了和外部的連結。孩子白天不在家後，她開始有時間和空間去思考：「我所有的焦慮在自己身上，我總是想，孩子大了，我以後能幹嘛呢？」

她通過了保險經紀人的執業考試，沒想到剛準備上手，正要大展身手，就遇到二〇二〇年初新冠疫情的暴發。丈夫因為工作關係，留在外地暫時無法回家，她只能獨自照顧孩子的生活起居，沒有任何幫手。心理和生理的雙重疲憊，導致多年的頑疾——甲狀腺亢進復發了。如影隨形的慢性病折磨著身心，睡眠也陷入不穩定狀態，時常需要靠服藥才能入眠，生活變動帶來的不確定性包圍了她：

> 小孩上學之後，（開始）有各種各樣的想法。以前他去踢足球的時候，總是和我說：「媽媽妳要在旁邊陪著我，幫我喊加油。」大了一點以後，慢慢他就不需要了，有什麼問題會自己去溝通。我一開始還不放心，在旁邊看著，後來覺得他做得很好，我沒什麼事做了。我也希望放手，不想一直把他抓在手裡……
>
> 我不想「雞娃」*，只想「雞」一「雞」自己。我覺得自己的學習能力還沒丟，就去考了保險執照，剛準備認真做一做，疫情來了。我又復發了甲亢，現在也一直在吃藥，因為身體，出去工作就變得有很多不確定性……

訪談期間，小熊多次表達希望能夠走出家庭、告別全職媽媽這一身分的願望，除了出於個人成長的迫切需要之外，家庭經濟狀況的急轉直下，也是一個關鍵原因。

由於疫情防控的緣故，丈夫所在的民航業受到巨大衝擊，收入直線下降，月薪還不夠支付每月的房貸，只能先靠積蓄填補。儘管背後是個人無力改變的大環境，小熊仍然感到自責。她認為是自己一直以來將家庭經濟的重擔放在丈夫身上，以至於在遇到特殊情況時，連日常生活都變得無法掌控。如果她可以擁有一份長期工作和收入，家庭的抗風險能力應該能夠強很多。她向我坦露自己的焦慮：

我老公現在賺錢少了，我也不想催他快想辦法趕緊賺錢。我從來沒有想過這個事情，不管（發生）什麼事情都是從我自身去找原因的。

我覺得這件事情其實我有責任，我也有自己的問題，把所有的壓力都放在他一個人身上。我是比較容易自責的一個人。我希望自己能改變，希

＊ 網路流行用語，指的是父母給孩子「打雞血」，為了孩子有好的表現，給孩子不斷安排學習和活動，促使讓孩子拚搏的行為。

望自己能早點獨立起來。

身為全職媽媽的小熊，不假思索地把自己擺在育兒主力的位置上，同時也期待自己能在居家狀態下具備一定的經濟能力，這和一些職場媽媽們希望平衡工作與育兒兩件事有著相似的邏輯：全職媽媽為了家庭而犧牲事業，希望能將自己的價值發揮至最大，努力做一個完美、零失誤的母親，長期被封閉在一個叫做「家庭」的密封容器裡，又擔心自己喪失經濟能力；職場媽媽希望兼顧家庭和工作，不想失守任何一塊領地，努力做著平衡術，擔心自己成為他人眼中「只顧工作、自私的媽媽」。

無論選擇成為哪一種媽媽，女性都忍不住將個人價值放在天平上仔細衡量，背後隱含著一個可能很多人不願意承認，卻時時拿出來思量的問題——女性究竟價值幾何？

進一步而言，當她所有的付出可以被折算成金錢的時候，她為家庭做出了多少具體的貢獻？事實上，很少有人意識到，全職媽媽是一項需要多種技能的工作，集保姆、打掃、幼師、廚師、司機等角色於一身，而媽媽們為此都是無償奉獻，其付出卻被嚴重低估，連全職媽媽本人或許都沒有察覺到，她們只是沒有出門賺取現金，並不代表沒有為家庭創造價值。

而一旦婚姻出現任何的波動，如果原生家庭無法支援，長期缺乏工作收入，會讓她們更難以抵禦風險。面對逐步滑向「失控」的家庭經濟狀況，小熊傾向於將問題都歸咎在自己身上，迫切期待改變局面。

小熊記得自己剛懷孕時，在一個賣鞋的櫃檯前，銷售人員熱情地推薦某雙平底鞋，眉飛色舞地向她其描述，鞋子多麼方便穿著，以後追逐小孩的時候可以健步如飛。

當時的她喜歡打扮漂亮，穿著高跟鞋上班、逛街，聽到這番介紹的時候，她完全無法想像今後會過怎樣的生活。而在終日以家庭為人生主場之後，她的高跟鞋被束之高閣，取而代之的是各種輕便耐穿的運動鞋或是平底鞋。有一次為了參加朋友婚禮，她從鞋櫃深處翻出一雙高跟鞋，才發現長久不穿，因為潮濕和氧化，鞋底已經脫膠，鞋尖上也有了幾處破皮的痕跡，只好扔進垃圾桶裡。她笑著說：「以後只要能出門上班，穿什麼鞋子都行。」

訪談半年後，小熊告訴我，她打算去外地和母親一起做生意，拓展生活可能性的同時，最重要的是希望能賺到錢，能夠幫助家庭渡過經濟的難關。回憶起年少時，母親總是她的堅強後盾。她希望像自己的母親一樣，在能力範圍之內給孩子提供最好的學習環境，在孩子遇到困難時，成為最有力的精神支持，而這一切都必須建立在先把自己「獨立起來」的基礎之上。她坦言，成為母親是她人生中最正確的決定之一，但也為此付出了比預期中更大的代價。

每當身邊朋友想要為了孩子回歸家庭做全職媽媽時，她總是會勸對方深思熟慮後再做決定：「媽媽的人生和孩子一樣，都只有一次，能工作，就不要放棄。」

和這個世界上的很多工作一樣，全職媽媽在家庭裡付出的努力和貢獻往往體現為最後的成果。它的過程則是隱蔽的，不容易被其他人察覺感知。

與此同時，全職媽媽每天的時間看似寬鬆自主，不需要彙報老闆，也不用打卡，但實際上，生活的節奏將她們框定在一個又一個的時間格子中，例如，孩子需要幾點上學，丈夫必須幾點吃早飯才能準時出門趕捷運，還有家庭的假期活動安排，等等。這些看似簡單但實際上對時間掌握能力要求極高的工作，要求女性持續不間斷地在不同家庭任務之間熟練切換。這其中的情感消耗、認知消耗，大部分都無法向他人訴說。

有家庭研究學者曾指出，「認知勞動」*包括預測需求、確定滿足需求的選項、做出決策和監控進展。這種工作很繁重，而且對伴侶來說是隱形的，因此成為夫妻衝突的一個常見來源。[26] 認知勞動也是一種性別化現象：女性總體上承擔更多，尤其是更多的預測和監控工作。體現在買菜上，她首先要瞭解全家人的口味，其中包含每個人不同的飲食需求，然後確定一些備用選項，再決定到底要買什麼，最後還要確保這些食材被合理地使用，呈現一桌色香味俱全又富有營養的飯菜。

然而，在社會傳統中，這些都屬於「媽媽們待在家裡本來就要做的事

* 「認知勞動」是指無形的、不容易看得到的家事勞動，像是打掃、買菜等。
* 「田螺姑娘」是源於《太平廣記》中的角色。故事提到孤苦伶仃的男子謝端，克勤克儉、安分守己，天帝便派神女田螺姑娘下凡幫助他。引申為默默工作、善良勤勞的女孩。

情」，無法引起他人的重視和理解。在這樣的觀念下，每一個全職媽媽都好像是「田螺姑娘」*，悄無聲息地做完所有家務，鮮少被注意到。

家，是她們生活的場所，是辛勤又無償工作的地方，也是她們感到無力、想要逃離出去透口氣的地方。

在育兒中，很多人可能都篤定地相信「三歲神話」，即孩子如果沒有在三歲之前得到母親無微不至的照料，在心智發育上會較遲緩。因此，有些中產母親為了下一代的啟蒙教育，選擇待在家裡，直到子女進入理想的學校，將自己對未來的一切期待寄託在孩子身上，確保他們能夠擁有世俗意義上的光明未來。

很多女性以為等孩子長大後，自己完全能夠再進入社會。然而，全職媽媽在家裡時間愈久，工作經驗中斷愈久，愈難再外出工作。根據二〇二一年的《職場媽媽生存狀態調查報告》，將近八成的被調查者認為，一旦選擇成為全職媽媽，就很難在職場上找回屬於自己的一席之地，多數雇主會因為全職媽媽有「很多知識和技能需要學習」、可能「跟不上公司／工作節奏」「一孕傻三年」的刻板印象等原因，而不敢給予其機會。[27]

不管是吳思還是小熊，成為全職家庭主婦所付出的代價都遠超出她們當初的設想。

她們主動犧牲事業，結果體驗到龐大的落差，幸福表象之下是深深的失落。她們面臨著衝突：一方面養育觀念仍然視母親為家長主力，女性為了照顧孩子回歸家庭，男性提供家庭的經濟支援，似乎成為一個必要且合理的分工安排；另一方面，社會的價值觀更看重有償工作和經濟獨立，認為照顧和哺育工作是繁瑣且不具備太多價值的，全職媽媽的自我價值認同因此被不斷削減，經年累月，她們漸漸淡忘在職場上得到尊重和欣賞的時刻，慢慢陷入自我懷疑。

當媽媽們認識到空間的侷限對自我需求的傷害後，她們嘗試著讓自己的聲音被聽見，透過借助外力，從互助中得到理解和支持，從本質上改變被困住的思維。本書第九章會探討母職履行的多種可能性。

第六章

沒完沒了的母職

「我覺得老人們實際上是沒有什麼界限的，哪些是你應該管的，哪些你不應該管。包括家裡的陳設什麼的，他們都會插手管。他們覺得自己能侵入小孩的任何領域。」

炎夏，午後四點的三十六度高溫，北京一所幼兒園門口聚集了等待校門打開的家長們。三位彼此相熟的老年婦女，搖著蒲扇聊著天。

一位穿著黑底花裙的老太太先開啟了話頭：「有時候真是不想管他們了，太累！」

另外兩位連連點頭，接上話頭：「是啊，要不是看他們工作忙不過來，我早就想回老家了。」

第一位眼見得到了同伴們的惺惺相惜，斬釘截鐵般地總結道：「反正我們就是貼錢貼力氣還要看臉色。」

話音在炎熱的空氣氛圍中傳送著，和樹上響亮的蟬鳴聲互相輝映，暑氣更燠熱了。我在一旁聽到這番對話，內心感受複雜。我自己是隔代育兒的受益者，在初為人母的那幾年時間裡，如果沒有上一輩的幫忙，我的生活可能會更手忙腳亂，顧此失彼。但兩代人之間的磨合和相處，亦是我在很長一段時間裡感到難以理順的一團亂麻。

年輕一代工作忙碌，成立小家庭後，需要雙親的支援和幫助。很多老人也將照顧幼小孫輩看作分內之事。他們離開熟悉的生活環境，遷居到子女所在的陌生城市，將小家庭擴展成三代同堂的大家庭，這幾乎是中國式育兒的標配。在中國，從古至今，祖輩參與孫輩照料都是一種普遍現象。

作為「八〇後」「九〇後」的獨生子女一代深知，若想安心在外工作，需要長輩在育兒中起到關鍵的「大後方作用」*。然而，現實和想像有所不同，隔代育兒呈現出更為複雜的場景。兩代人長期身處同一屋簷下，觀念和生活習慣上的差異，彼此存在著既相互需要又「相愛相殺」的兩難，圍繞育兒的衝突，在家庭之間不斷地上演著。

對於職場女性而言，在育兒和工作之間感到力不從心的時候，由自己或是伴侶的母親幫助承擔部分母職的工作，能讓身處夾縫中的她們獲得一定的喘息空間。我們看到，女性成為媽媽之後，會繼續成為「媽媽的媽媽」，在兩代女性身上，母職逐漸演變為一份沒完沒了的「終身制」工作。這是一種理所當然的傳承，還是女性難以逃脫的困境？

* 「大後方」一詞出自對日抗戰時期，為相對於前方戰事的「後勤補給」，此指父母協助子女育兒，為背後支援的助力。

「沒有什麼界限」

〈永不下班的職場媽媽〉一章中，就職於網際網路大廠的詠兒，就是這樣一個典型。工作忙碌，再加上和丈夫分隔兩地，她常常感到分身乏術，只得讓操持家庭的部分責任落在退休的公婆身上。公公主要負責做飯、打掃等家務；婆婆則負責照顧、陪伴孩子的相關事務。

詠兒從小家庭環境比較自由，用她的話說是「散養」。她一直享受於這樣輕鬆、少約束的家庭氛圍。而詠兒的丈夫自小接受的教養模式是「高標準、嚴要求」，他也因此有著強烈的秩序感，例如，家裡的東西需要分門別類，按照一定的顏色、大小、用途等規則擺放整齊，使用後必須歸到原處；做事之前一定會仔細制訂好計畫，並且按部就班執行。

詠兒直言丈夫「對自己的要求太多、太高了，如果快到某個時間點沒有做完一件事，他就會很緊張，所以他有時候也會為此感到苦惱。」詠兒一直希望女兒可以像自己童年時一樣，隨性、自由，她明確地表示，「不想讓女兒變成第二個我老公」。然而，由於她工作忙碌，老人將女兒的日常照顧任務接棒過去，導致她在孩子教育上並沒有太多話語權。她告訴我：

我老公的爸爸對很多事情都很有自己的規則和看法，也有比較高的要求，例如，我女兒小時候不喜歡穿鞋，他就說絕對不行，一定要穿鞋。我覺得小孩偶爾可以吃一顆糖，只要刷牙就好，他也覺得不行，一顆都不能吃。他覺得冬天的草莓是溫室裡長出來的，不太健康，不能給小孩吃。

在他眼裡，很多事情都是一定要怎麼樣，或者說一定不能怎麼樣。我覺得對小孩來講，框得太死了，（小孩的）活力、活性就沒有了。我婆婆什麼都聽我公公的，基本上都順著他。

雙方在育兒上意見不合，甚至經常持南轅北轍的觀點。例如，詠兒想培養孩子自主進食，不追著餵飯，孩子的爺爺奶奶卻堅持認為，孩子自己吃飯會把地板弄髒，收拾需要花費很多功夫，等孩子大一些再培養習慣也不遲……幾輪爭辯後，她覺得自己「實在拗不過他們」，畢竟孩子的日常起居主要由老人負責，如果她提出太多對方沒辦法接受的意見，只會增加衝突，也加重老一代育兒的工作量。她想透過引入外力來平衡兩代人之間的關係，和丈夫商量請住家保姆或是打掃阿姨，這樣既能減輕日常家務的壓力，又能釋放出一些勞動力來給予女兒更好的陪伴。

然而，這個提議遭到雙親一致反對，理由是「為了小家庭考慮」「每月房貸的支出壓力已經不小，沒必要再多出一筆開銷」。這讓詠兒頗感挫敗，無奈地說：「我和我老公都覺得經濟上負擔得起，為什麼（他們）一定要插手來管呢？」在詠兒看來，無論是生活中的小事，還是涉及家庭事務的某些決定，上一代過度參與，讓她常常感覺無法按照自己的想法推動事務。儘管已成家立業，也已為人父母，在上一輩的眼裡，他們依然是事事需要被指導的「小孩」，她對這種缺乏界限的相處模式既生氣又無奈：

我覺得老人們實際上是沒有什麼界限的，哪些是你應該管的，哪些你不應該管。包括家裡的陳設什麼的，他們都會插手管。他們覺得自己能侵入小孩的任何領域。

我和我媽說：「妳看我回家的時候，也沒有管過家裡面是怎麼裝飾的，我也沒有跟妳說過，什麼東西不能放（哪裡），我從來沒說過，對不對？因為我覺得這是你們的事情。」我覺得還是要有一種界限感，但我這麼和他們說，他們就是不能（接受），還會覺得：「哎喲，妳現在長大了，能賺錢了，翅膀就硬了，能跟我這麼說話……」。

詠兒認為，自己和父母之間改善關係的根本是建立界限感，在生活和精神上都保持獨立，才能尊重彼此的生活方式。她的理想狀態是和丈夫兩人帶孩子，回歸簡單的三口之家，讓雙親從育兒和家務的繁瑣中解放出來，去過本該屬於他們的退休生活。

然而，由於工作忙碌，夫妻又分隔兩地，這個念頭只是停留在她腦海裡的美好願望而已。目前以他們的狀態，與老人同住，兩代人在同一屋簷下共同育兒，是暫時難以改變的：「不知道怎麼調節（矛盾），只能整天靠忙工作睜一隻眼閉一隻眼，早出晚歸，眼不見也就當沒有發生了。」而她非常在意兩代之間界限感，是一道無解的難題。當她和丈夫都沒有辦法在育兒上付出足夠多的時間和精力，必須依靠長輩來幫忙時，似乎沒有什麼底氣來要求對方「不該管我們的事情」。

詠兒的困境具有普遍性，本該在成家立業後從原生家庭中獨立出來，又因為共同撫養下一代而與父母再次深度捆綁，過著以第三代為核心的大家庭生活。這背後既受到傳統文化的影響——中國父母對子女獨特而深遠的愛，也涉及三個家庭（即男方家、女方家，以及結合的小家庭）的財富和資源延續問題。

以人類學教授閻雲翔的觀點來看，這是「下行式家庭主義」，也可以說是「新家庭主義」的一種表現，也就是將全家的資源集中在子輩、孫輩身上；下行的資源不僅指物質上，更重要的是精神，包括情感和生活意義兩方面。父母深度參與子女的家庭，從戀愛對象的挑選，到購房、裝修、育兒等，都促使父母對成年子女的財產、家庭裡的大小事務具有一定的話語權。

當然他們在享受權利的同時，也付出了大量的時間、精力、金錢等，而深受傳統性別分工的影響，育兒的具體工作通常都落在祖輩的女性身上。

時時刻刻緊密綁定的代際關係分擔了部分的母職，好處是讓女性可以騰出時間和精力去工作，尤其是孩子出生後的三年時間裡，這通常是女性在職場上較為寶貴的發展階段。

表面上，詠兒們卸下部分母職，和男性一樣去追逐職業理想，努力升職加薪；而實際上，她們卻時常被兩代人共同育兒所產生的種種矛盾深深困擾，心理上處於進退兩難的壓力中，很難從「他們」和「自己」之間整理出一條界限清晰分明的路徑。

在此過程中產生的分歧和矛盾，大部分時候又極度依賴女性去尋求理解、妥協以及調和，可以看成是母職的「附加工作」——從小家庭演變到三代同堂的大家庭，女性身兼數職，在其中扮演的角色更多重、更複雜，讓詠兒忍不住傾訴：「我一個人要處理好我們夫妻兩個（的關係），也要處理好和公婆的關係，有時候真的很累。」

母職的內容不僅包含育兒，還需要忙著處理各個家庭成員的情緒、需求，並積極調和其中的關係，而這些隱性的情感消耗總是潛藏於家庭生活之中，不容易被察覺。

「她從來沒有試過別的人生」

婷婷三十四歲，是兩個孩子的媽媽，平時由婆婆幫忙處理家務和育兒相關的工作。她二十六歲那一年結婚，隔年便成為第一個孩子的媽媽，妻子和母親的身分幾乎同時到來，角色的快速轉變和疊加，讓她不敢有一絲鬆懈，也進一步提高了兩代人共同育兒的難度。她原先的設想裡，婆婆在日常生活中，只是擔任輔助、配合的角色。而當長輩進入育兒、家務的具體工作時，她重新審視了兩代人之間的觀念差異帶來的衝突。

婷婷的婆婆退休前是大學老師，年輕時除了工作以外，幾乎所有時間都圍繞著孩子。退休之後，她又盡己所能地參與育兒，希望減輕下一代的負擔，好讓他們可以投入更多精力在事業上。婷婷新婚後不久，她便催著「早點生個孩子，趁著我還有力氣，可以多幫點忙」。婷婷生下第一個孩子後，婆婆認為她年紀太輕，缺乏調配生活、照顧嬰兒的基本經驗，需要的不只協助育兒，而是親自從頭開始指導她怎樣成為一個賢妻良母。起初和婆婆同住時，婷婷總覺得自己身後「天天跟著一個訓導主任」：

婆婆覺得做家務不僅是整理家裡，也是言傳身教。有了孩子以後，如果家長亂丟亂扔，以後他（孩子）的習慣也不會好。她就跟在我身後盯著看我怎麼整理孩子的玩具，收拾換洗的髒衣服，我做得不對，她就指出來。

例如，要提前買好幾天的菜，每天早上想好今天做什麼菜，而不是打開冰箱有什麼就臨時煮什麼……我在家裡做的所有事情，好像都不符合她的標準，做什麼都不對。剛開始我真的很不理解，為什麼我好好的生活要變成這樣？好幾次都被（婆婆）氣哭了，明明人家都可以隨便過日子，為什麼我要這麼累？我怎麼會找到這麼一個婆婆？

另外，在諸多育兒問題上，婷婷和婆婆之間都存在分歧。為了能將兩代人共同育兒的模式持續下去，很多時候都是婷婷妥協。儘管因為沒能堅持自己的理念而抱有遺憾，但是為了不加深矛盾，也為了緩解婆婆的焦慮，她選擇不爭執，保持沉默。她印象最深的是：

剛開始給小孩添加副食品，我想試一下做手指食物，像是我把胡蘿蔔切成小條給他吃，我婆婆就擔心會噎著。她一會兒擔心這個東西是不是沒煮熟，一會兒擔心馬鈴薯吃多了是不是會脹氣……感覺有時候她比我還要焦慮。如果我明確和她說「不」，家裡的氣氛就會搞得很緊張。

後來我放棄了，沖點米糊，做一些簡單的，再買一些現成的果泥，這樣（孩子）吃了放心，我們大人也少了爭吵，反正孩子也就慢慢長大了。

在婷婷看來，受過高等教育的婆婆，事實上依然是一個活在舊式傳統裡的女性：「我婆婆對一個兒媳的期待大概就是能帶孩子、能伺候老公的賢妻良母，因為她們這一代人就是這麼過來的，覺得做到這些是理所當然，她從來沒有試過別的人生……」母職是女性自身和所處大環境交互作用下的產物。女性既被社會規訓，同時也參與規訓和塑造他人，上一代女性希望把自己的個人生活經驗傳授給下一代，並且樂於見到母職傳統在新一代女性身上得到延續。

婷婷內心深處並不認同這樣的「傳承」，想嘗試經歷和婆婆不一樣的人生。然而，一方面，她常常被兩代之間觀念差異帶來的衝擊所約束，另一方面她又清楚地知道，如果想達成人生的一些平衡，例如，在生育兩個孩子後繼續自己的職場生涯，賺取一份可持續的收入，就需要有人和她共同分擔。在這個過程中，她不僅需要日常生活中的實際幫助和育兒支持，也渴求著兩代人之間的相互尊重。

婷婷告訴我，在和婆婆磨合數年後，這兩點逐漸皆能達成：

我婆婆帶孩子的時候很專注，會一直想辦法動腦筋陪著孩子學習、玩，教他數學、認字。還有一點我覺得她做得很好，如果是我訂的規則，她就會和我兒子說：媽媽說不能吃，媽媽是不是叫你不要做這件事……雖然她有很多想法和我不同，但在孩子面前，她還是很尊重我的，會主動幫我樹立一些權威。

在婷婷看來，「一切都為了孩子好」的信念背後，是兩代人之間的共同點——母職焦慮。即便是比較富有養育經驗、積極投入隔代育兒的婆婆，在面對第三代時，依然會擔心自己過往的經驗不足以承擔起相應的責任，並將這樣的心理轉化為對兒媳的要求：

我婆婆只有養一個孩子的經驗，有了孫子、孫女這兩個和她兒子不太一樣的孩子以後，她就很緊張、很焦慮，怕自己做得不好，耽誤了他們的成長。她對我的很多要求，其實也是她對自己的要求。所以，她說對的（我）就想一想，說得不對、不喜歡、不接受的，我就放一放，回頭再說。

婷婷也想過借助外力，例如，考慮過把孩子送去專業的托育機構，以緩解育兒中所面臨的壓力和疲累，她也希望能給孩子提供一個更多元化、向外延伸的成長環境。然而類似的外部資源極少，中國的〇到三歲托育機構嚴重匱乏。

調查顯示，目前中國境內〇到三歲嬰幼兒約四千兩百萬，但三歲以下嬰幼兒托育率僅為五．五%左右，而已開發國家三歲以下嬰幼兒的托育率則在二五%到五五%。[28] 例如，凱特琳．科林斯在《職場媽媽生存報告》

一書中，針對瑞典、德國、義大利、美國等多個已開發國家的母親調查研究後發現，只有瑞典的媽媽認為兼顧工作和孩子並不困難。這背後的關鍵原因之一，是瑞典人引以為傲的公立幼托體系：

「在瑞典，顧家和育兒並非個人私事，而是集體責任。瑞典政府在全國範圍內將撫養兒童的成本社會化……

這樣的幼托體系並不昂貴，相比其他國家，幼托費用對瑞典家庭而言只是很小一部分開支。托兒所的費用根據家長的收入而定，有一個很低的上限，且由政府決定最高收費標準。低收入家庭的孩子參加幼托是免費的。

幼托費用的上限是每月一二八七瑞典克朗（一六〇美元）。家長支付的費用只占一個孩子幼托成本的約一一％，剩餘部分都由國家補足。瑞典政府花在補貼學齡前兒童服務上的錢甚至超過整個國家的國防預算。」[29]

放眼全世界，能提供如此強大托育支持的國家是少數，美國、日本等大部分國家的媽媽，也都需要在經濟、情感和體力方面付出高昂的代價，並且更傾向於把育兒當作家庭內部的事，或是把大部分的責任放在自己身上。這也是母職難以真正「外包化」的重要原因之一。

而在中國，〇到三歲的托育機構不僅數量少，而且由於是自負盈虧的市場化經營，租金、教師費用等開支高昂，因此整體收費超過了許多家庭可負擔的能力範圍。城市裡的托育機構平均月收費人民幣三千至四千元（約新台幣一萬三千四百元至一萬七千八百元），部分超過人民幣六千元（約新台幣兩萬六千八百多元）。很多家庭出於經濟考量，還是選擇將育兒任務交給家庭成員消化。

例如，婷婷搜尋了一輪後，發現離家車程二十分鐘內的距離，有一家經營了五年、口碑也不錯的托育機構。她對硬體、師資、教學內容、伙食都頗為滿意，但高昂的收費卻最終讓她望而卻步——托育費每月六千四百人民幣（約新台幣兩萬八千五百多元），另外收取伙食費一千餘人民幣（約新台幣四千四百多元），如果將兩個孩子都送去，包含餐點在內的總費用將「吃掉」她一個人八成多的月薪。丈夫的薪資比她略高一些，但每月還有房貸、車貸、其他日常開銷需要支付。在缺乏其他選擇的情況下，只剩下「老人帶孩子」這唯一的選項。

因此，在婷婷看來，婆婆願意奉獻時間、精力甚至金錢，深度參與育兒，對於小家庭的穩固、和睦，是可貴且必要的。

另外，「精緻化育兒」已經逐漸替代傳統的體力密集型育兒，這也對母親的情感投入、養育智慧、時間精力的付出都提出更高要求。所謂「精緻化育兒」，主要在專業育兒知識的學習和實踐上，例如分月齡養育，根據孩子個體的差異進行調整等。

這一理念的興起，與家庭經濟模式的轉型、親職價值觀的轉變密切相關，不斷從各個方面要求母親必須投注全部心力在孩子身上，讓母職應負擔的責任日益加重。現今的育兒大環境，尤其是在大城市裡，似乎已經不再允許「天生天養」的養育方式。很多女性發現，從孩子的飲食起居、學習資訊到心理發展，在在需要其他家人不同程度、不同形式的參與和配合。這更像是一種團隊協作，把一個人的母職擴展成分工更加明確、能夠彼此互助的「團隊母職」。

婷婷亦深知，孩子的理想照顧者不僅只有她一個人，世上不是只有媽媽好，還有爸爸好、奶奶好、外婆也好……「我也想盡力把孩子帶好，但工作事情太多了，我就算把自己榨乾了，還是顧不過來，需要（家裡）

其他人的幫忙。」上一代女性深度參與下一代的育兒工作，和想像中含飴弄孫、盡享天倫之樂不同的是，她們把全身心照料孫輩當作一份責無旁貸的工作，在本該休養身心的年紀卻無法真正退休，在情感、經濟、時間和精力上為孫子付出的程度，等同於將母職再度延續。對於這部分女性而言，母職幾乎是終身制的，一旦開啟，就彷彿像個陀螺，在一代又一代的身邊，旋轉不停歇。

「相當於半個媽媽」

我去徐阿姨家訪談時，她正在打太極。見我到來，她往耳後攏了攏有些淩亂的捲髮，一邊熱情地招呼我在客廳沙發坐下，一邊去廚房端來熱茶放在我面前。徐阿姨退休前在國營企業就職，女兒懷孕後，她就開啟了三代同住、兩代人共同育兒的模式，至今已持續五年多的時間。徐阿姨三十多歲時和丈夫離婚，獨自撫養女兒長大。母女倆關係融洽，多年來她們都是彼此的重要依靠，她說這也是她能夠繼續當前生活模式的重要原因。

「第一時間知道我女兒懷孕以後，真的很開心，她有了一個小家庭，我也就放心了。」徐阿姨笑著回憶當時的場景。由於她的女婿工作忙碌，經常出差，她便決定過來幫忙照顧懷孕中的女兒。依據孕期不同階段所需要的營養，徐阿姨變換烹飪不同的菜色來幫助孕婦進行食補，空閒時，她還會抄寫經文，祈禱女兒生產順利、小寶寶健康平安。她告訴我：「這是我那時候唯一的心願。」

外孫出生後的一個月裡，徐阿姨瞭解到一些有關產後憂鬱症的知識，擔心初為人母的女兒因為丈夫經常不在身邊而產生負面情緒，因此她每天都堅持搭六站公車去月子中心看望、陪伴女兒，也會在一旁跟著月嫂學習照顧嬰兒。回到家後，徐阿姨和女兒進行明確分工，家務由兩人平均分擔。育兒的工作則分為早晚兩班，半夜餵奶、換尿布的工作主要由女兒來完成，外孫每天五、六點醒來後，由徐阿姨帶著玩耍。

徐阿姨的女兒周周是一名自由工作者，當媽媽後一直居家辦公。周周告訴我，正是有了母親的支持和幫助，她才能夠在帶孩子之餘，撥出時間投入自己想要做的事。孩子的養育細節，例如，飲食、睡眠、學前教育等大方向，都由她來決定。母親尊重她的育兒理念，並且願意學習最新的育兒知識，和她一起動手實踐。不論是生活上還是精神上的陪伴，為了盡力給予孩子最好的照顧，母親和她像是一個配合默契的帶孩子小團隊。周周告訴我：

兒子很小的時候，半夜都是我起來餵奶、換尿布。早上五、六點他起來後，我媽先帶他玩一會兒，好讓我睡個回籠覺，要不我白天都沒有精神。因為我老公經常去外地出差，尤其是小孩還沒滿一歲時，他幾乎有一半的時間都在外地，有我媽幫我，省了很多力氣。

我老公說如果家裡有外婆在的話，他就很放心。有時候我不在家幾天，（兒子）和外婆睡完全沒問題，因為平時就給了他很多愛，很多安全感，所以他可能覺得外婆相當於半個媽媽吧。（笑）

周周翻出一個綠色封面的筆記本給我看，上面手繪了細緻的表格，記錄了小孩從出生開始到一歲左右的奶量、睡眠、排便、副食品等，密密麻麻地寫了大半本。她笑稱這是「飼養員工作筆記」，由她和母親共同完成。她告訴我，她和母親之間的關係曾經比較像朋友，而在共同育兒的幾年時間中，發生了一些微妙的變化。在育兒和家務經驗更豐富的徐阿姨看來，女兒「做事毛躁，丟三落四，都當媽的人了，也不知道改改」。

而在周周看來，正是母親包辦所有，自己才沒有機會成長：「反正她覺得自己（做得）最好，那我還做什麼？」因為育兒、家務涉及的雜事較多，尤其是兩人疲憊不堪時，常會忍不住圍繞一些瑣事爭吵。周周希望隨著小孩逐漸長大，徐阿姨就不需要在育兒第一線衝刺，可以卸下身上部分的擔子，過上更充實、更有價值感的晚年生活：

我媽習慣於無私奉獻，我覺得我肯定做不到她這樣，盡職盡責地對待我孩子的孩子。她非常不能接受我有一點不可靠，例如，我帶孩子出去玩掉了個水杯，她就會一直嘮叨我。有一次我就對她吼了幾句。雖然這樣不大好，但我真覺得要表達出我的憤怒來，她才能夠去理解。我發了脾氣後，她才和我說，她忍不住地嘮叨，是因為擔心有一天她離開我以後，我沒有辦法好好照顧自己，所以總是不放心。

徐阿姨將照顧外孫看成「一份有上下班時間的工作」。每天早上只要聽到隔壁房間的外孫起床後，徐阿姨描述自己「就會像一根彈簧一樣」翻起身來，打卡上班；晚上外孫入睡後，她為了確保第二天能早起，通常會同步熄燈睡覺；除了白天偶爾給幾位老友打電話敘舊閒聊之外，她基本沒有太多屬於個人的休閒時間。如果遇到外孫生病、不舒服，她更是格外憂心，覺也睡不好。今年六十五歲的她，有糖尿病等慢性疾病，忙於照顧外孫的這幾年，常常顧不得自己。

她內心能夠理解女兒體諒的心意，口中卻依然堅持「趁做得動，能幫得上忙（的時候），把帶外孫（這件事）做到盡善盡美」。外孫兩歲多時，徐阿姨在一次體檢中，發現各項體檢指數愈來愈差，她才第一次意識到，自己終有一天會老，無法永遠將子女、孫輩的需求排在最前面。

考慮到母親的身體健康，也為了減輕日常家務的負擔，周周雇了一位住家保姆幫忙完成煮飯、打掃等家務。周周和丈夫則履行父母的職責，帶孩子出門玩耍、家庭教育等，這讓徐阿姨有了更多時間運動、看電視劇、交友，找回個人生活，而不是整日埋頭於繁瑣的家務事中。

在周周和丈夫工作忙碌或是需要去外地出差時，徐阿姨會和住家保姆搭檔完成照顧外孫、上下學接送等工作。周周告訴我：

本來我媽一直不同意請（住家保姆），覺得是浪費錢。但我寧可在其他方面少花一些錢，例如，少出去吃飯、少購物，也堅持家裡多一個幫忙的人手。這樣我們就都能輕鬆一些，多點時間陪孩子，自己也能過得更有價值，工作、看書、鍛鍊身體、和朋友見面吃飯……

我一直覺得家裡有老人，孩子不能都讓他們來（帶），誰帶誰知道，太累了。而且家務做多了，瑣碎的事情多了，會互相看不慣，本來關係挺融洽，最後搞得都不開心。

周周坦誠地告訴我，以他們家的經濟狀況，聘請住家保姆並不是一件輕鬆的事，但她算過家庭的總帳後，依然認為這是一項明智且划算的開支。為此，她寧可不添購新衣，減少在外用餐的頻率，也要用這種引進「外援」的方式，來解決三代人同一屋簷下生活所遇到的種種現實問題，讓家庭成員的勞動力得以部分解放。不過，找了住家保姆後，也並不意味著她從此可以撒手不管。作為家庭總管，她不但要拆解育兒過程中一項項細緻工作，還要交由對應的人來一一確保完成。

當最占據時間和精力的家務被順利外包出去後，無論是她的母親，還是她和丈夫，都能更有動力地做自己的事，陪伴孩子的品質也在一定程度上提高了。

經過一年多時間，徐阿姨在女兒小家庭事務的參與上，慢慢過渡到「配合者」的位置。這樣便構成一種所謂的「嚴母慈祖」的育兒模式——母親轉變成為育兒的總管，對孩子的發展進行總體的規劃和科學的設計，而祖輩則以幫忙的角色在子女的家庭裡承擔起孩童的日常撫育和家庭照料，從而形成一種合作式的育兒團隊。

面對繁雜的家務事，周周用一種管理公司的方式來維持一個家庭的運轉：每個人都「耕種」好自己眼前的「一畝三分地」（編按：做好份內工作），尤其在育兒上，更需要做好分工，互相分擔，尊重彼此的辛苦付出，而不是將所有或是大部分工作都放到一個人身上；確保每個家庭成員都能擁有一定的自由安排的時間，而不是全家人都以孩子為中心地活著。

在和母親共同育兒的過程中，她真正認識到經年累月地履行母職對一個女性所產生的複雜影響：徐阿姨在得知女兒懷孕後，毫不猶豫地前來幫忙，甚至將本應該屬於女兒的母職，本應屬於女婿的父職部分積極主動地一手包攬。母親的責任感幾乎刻在了她的血液裡，無法移除。

很多女性用「母親」這一角色填滿自己的整個生命，即使孩子成年後，依然有一條隱形的臍帶牢牢纏繞在她們的脖子上，難以脫身。她們不認為或是沒有意識到，自己其實有權安排自己的生活——年輕時她們圍繞著子女轉，年老時等待被子女安排，幾乎完全放棄想像生活的其他可能。就好像是蛋液和麵粉經過混合後嵌入蛋糕模具一樣，成了一個個看起來沒有任何區別、高度相似的成品，從未考慮過是不是可以放入另一個模具裡。

徐阿姨中年時離異，獨自將女兒撫養長大，總是將個人的時間和選擇放在次要，對滿足女兒的需求大過一切。現在，周周希望徐阿姨不要再繼續為了家庭一味地犧牲自己，而是有機會真正「為自己而活」，她對我說：

> 為什麼大部分男性老了能去和朋友閒聊、釣魚、打牌，女的就只能一直待在家裡，接著帶孩子的孩子？我覺得這不公平。

德國社會學家烏爾利希．貝克（**Ulrich Beck**）曾提出「自己的生活」（**a life of one's own**）的概念，這個名詞在他與妻子合著的《個體化》（***Individualization***）一書的中文版裡，被翻譯成「為自己而活」（**to live for yourself**）[30]。然而又有多少母親可以真正做到「為自己而活」？

閻雲翔教授為此反思，在中國傳統倫理規訓之下，「為自己而活」是許多人雖然不敢或不願公開追求，但卻心嚮往之的一件事，其蘊含的一層深刻意義是人們：

> 「對於人生價值的反思和追求，而不是對於人際關係過密化的倦怠和抵

制。這不可避免地要提出一系列價值觀層面的問題：我是誰？怎樣界定自我與他人的邊界？人生的目的和意義是什麼？怎樣達到我所欲求的人生目的，實現我所追求的人生意義？」[31]

徐阿姨從帶孩子主力逐漸退到家庭中的「邊緣位置」，這種轉變看似是發生在母女兩代親密關係之間的讓步與妥協，事實上是一場個人價值觀的反思與顛覆——從「為他人而活」過渡到「為自己而活」。在訪談中，當被問起能否適應這樣的新生活時，徐阿姨告訴我，她以前無法理解女兒口中所謂的「為自己而活」是什麼意思，總覺得那是女兒「為不再需要我這個老太婆」找的藉口。

卸下帶外孫的工作後，她有過一段不知所措又失落的時期。

無奈之下，她漸漸把注意力轉移到發展興趣愛好上——報名了老年大學的中醫、太極拳課程，在成功拓展個人的社交圈，努力找到退休後的快樂生活後，她發現平時和女兒之間的聊天內容因此豐富許多，話題不再是圍繞著家務、外孫的日常生活轉：

我慢慢放手，後來發現他們也把孩子帶得很好。我女兒一直和我說：妳要對自己好一點，把血糖降一降，把自己放在第一位，把身體顧好，再想別的事情。我現在把這句話當成座右銘告誡自己。現在外孫想讓我陪他，我都要他提早一點說，我每天要運動，要學習，還要出門見朋友，很忙的哦。

在中國，隔代育兒是年輕父母們的一個普遍選擇，根據調查，全國〇到兩歲的兒童中，主要由祖輩照顧的比例高達六〇%到七〇%，其中三〇%的兒童完全交由祖輩照顧；三歲以上兒童上幼兒園後，由祖輩直接撫養的占四〇%。差不多有五〇%的家庭都是隔代育兒，而在一些一、二線城市，這個比例會更高，北京甚至達到了七〇%。[32]

對於工作忙碌、生活壓力日益倍增的年輕一代來說，讓雙親幫忙撫育小孩，是至關重要且很多時候可能是唯一的選擇。在當代「新家庭主義」的語境下，家庭成員之間合作愈有默契，對於年輕父母的事業、財富累積愈有幫助。

在兩代人的合作育兒中，我們看到不同於傳統家庭關係的新模式，尤其看到了上一輩女性在其中發揮的不同作用——有些以大家長的角色管理小家庭，具有極大的話語權；有些以「協助者」的身分退到邊緣位置輔助晚輩。無論哪一種形式，都是繼孩子成年後，母職再延續的一種體現。

安・奧克利寫作《看不見的女人》一書時，對四十位家庭主婦進行了採訪，她們當中有些是家庭條件較為優渥的都市中產階級，有些是勞工家庭，無論來自哪一種階層女性，都難以避免地在履行母職之時，面臨單調、枯燥的生活，她們無止境地打掃居家環境、對孩子進行無時無刻的照顧與陪伴。

奧克利認為，正因為如此，母職無法被輕易浪漫化，成為簡單的歌頌對象，而是需要更加清晰、更加深入地被看見、被講述：「母親對子女擔負持久、不容懈怠的責任，以及與孩子們維持的親密，被社會賦予極高的價值，亦被認為是母親的核心素質。」[33]

老年女性出於被需要的感受，主動積極地投入育兒，將退休生活圍繞著子代、孫代，幾乎沒有考慮過其他可能性。她們很少厭倦沒完沒了的母職，反而將其內化成一種本能和不可推卸的責任，從中獲得情感回饋和滿足感。我們不能忽視她們為之付出的代價：脫離熟悉的環境、離開熟悉的生活圈，當孫輩開始上學後，又因為在大城市中沒有可以往來的朋友和親戚、缺乏建立情感連結的對象，而備感孤單、寂寞。

年輕一代女性將自己定位為上有老、下有小的「三明治」世代。表面上看，兩代人共同育兒的模式讓她們在生育後能較為順利地重返職場，然而，為了平靜處理衍生的衝突，她們需要做出一定程度的妥協，而這部分情感消耗通常不被看見。

在中國傳統道德文化裡，一個身處大家庭中的已婚已育女性，必須盡量忍耐，將自我放在一邊，處理複雜的家庭關係；而新一代女性則希望在兩代之間劃出清楚的界線，確保每個人都可以暢快地呼吸。即使面對分歧，她們更願意嘗試去理解不同世代女性背後不同的立場。

在兩代人朝夕相處、共同育兒的過程裡，年輕一代重新審視作為女性、母親所承受的壓力。比起成為一個別人口中「偉大的母親」，她們更加希望能夠「為自己而活」，而不是為孩子付出一切；她們更加渴望突破「母職終身制」的命運，嘗試不同於上一輩女性的人生，盡力追求生活在一個有界限、有選擇、親密而自由的空間。

有趣的是，在訪談中，多位「八〇後」「九〇後」女性都堅定地表態：「將來不會幫我的孩子帶孩子，也絕對不會去催婚、催生」。可以想見，很多看似習以為常的人生問題，在年輕一代看來，不再是必選題。傳統的母職慣例也並不是理所應當需要「傳承」的，生活和育兒方式正在呈現出更多的可能性。

第七章

母職焦慮：教育與被教育的

作為母親，女性無論曾經對自己的生活
有著怎樣的想像與規劃，
當孩子正式步入學齡期，
免不了需要和同齡人競爭，
都會不由自主地開啟「密集母職模式」。

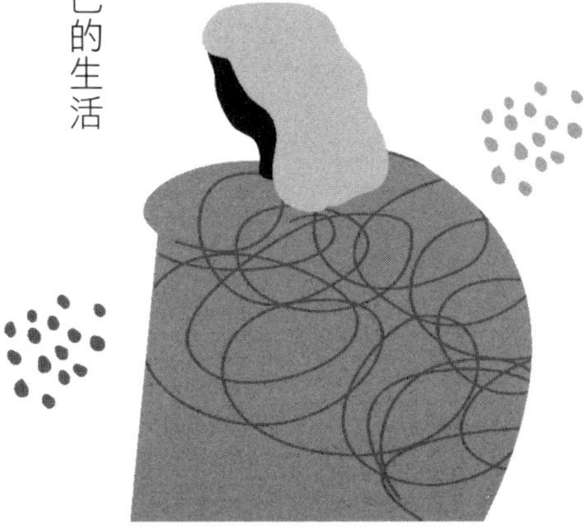

女性因孩子成為母親，展開以孩子為中心的生活，從此一切都是為了孩子，要引領他們成長，幫助他們避開困難與風險，都是母職焦慮的來源——我要如何為孩子規劃人生？如果孩子沒能獲得世俗意義上的認可和成功怎麼辦？幼小的生命離開母體後，便在世間開啟了一場未知的遊戲，不論勇闖到哪一關，一條隱形的「臍帶」永遠連結著彼此。我在訪談中發現，一些母親和孩子之間建立起幾近共生的親密關係，盡力滿足他們童年時的所有身心需求，用大量時間與老師、家人討論教育方法、升學策略。隨著經濟發展和社會結構的變遷，當教育的結果承載了一家三代的期待，打理孩子的學業成了媽媽們頭上的「金箍」？

「她怕什麼呢？」

第一次見到陳娟是在北京海淀的一家鋼琴培訓機構樓下，她穿著黑褲子、藍色針織開襟衫，齊肩的長髮用黑色橡皮筋隨意綁在腦後，瀏海散在額前和臉頰兩側——和我交談時，她不時攏一攏，集中夾在耳後。陳娟出生於一九八〇年代初的沿海農村。當地重男輕女風氣盛行，她的母親連續生了四個女兒，直到第五個孩子才終於得償所願，完成所謂傳宗接代的任務。

當時家中經濟困難，無力撫養多個子女，中間兩個女兒被送走，留下長姊陳娟、一個小妹妹和作為香火延續的弟弟。陳娟自小成績優異，是整個家族中唯一考取重點大學*，離開家鄉在大城市工作、定居的孩子。她和我回憶起過往的求學經歷，並非一路坦途，曾經因為一場重要考試的失誤，而擔心自己的未來「肯定無望了」。

考初中的時候，周圍人覺得我肯定能進重點，但我差了一．五分，就是沒有考進。那時候感覺自己肯定沒戲了，因為考不了好的初中，就很難進好的高中，大學的事就很渺茫了……還好有一個稍微差一點的中學有

*　「重點大學」是指中國重點建設特別支援的大學，同時還有各級重點中學等。

重點班，收我們這些分數差一點點的鄉下學生，要交兩千塊錢（人民幣，約新台幣九千元）擇校費。妳想，一九九三年的兩千塊錢，特別貴，我們家拿不出（這筆錢）。我爺爺很疼我，替我們家出了這筆錢，他說因為我能讀書。說白了，我們整個大家庭裡能讀書的小孩沒幾個。

進入初中後，陳娟為自己設立了明確的目標——考入一所好高中，再考入一個心儀的好大學。父親一向支持她：「妳能讀到多高，我就供妳多高」。母親則認為她應該「初中畢業就去考個師範，趕緊出來賺錢」。陳娟毅然決定朝著自己認定的目標努力，三年後如願收到省重點的錄取通知。

然而就在她滿心盼望的金榜題名到來時，一個噩耗像一盆徹骨的冰水澆在她身上，給她從未預料的一擊——母親輕生離世。十四歲的她，無法相信當時剛滿三十六歲的母親，會以這樣的方式離開她和年幼的弟弟妹妹，沒有任何徵兆地選擇死亡，從此缺席於他們人生的每一個重要時刻——畢業、結婚、生子……直至多年後，她都無法理解母親的決絕：

我媽是一個家庭主婦，在鄉下沒上過什麼學。家裡的開銷都是我爸負擔，他平時可能給的錢也不是特別多，我媽都是自己盡量省著用。她挺可憐的，生了那麼多孩子，最後也沒有個好結果。我就覺得一個女人必須要自己賺錢，自己沒有經濟能力，要靠別人的話，就不會快樂。

我媽那時候懷疑我爸外面有人，她生活上沒有主動權，很害怕，再加上有憂鬱症，就走上了這條路。可她怕什麼呢？再忍幾年，我大學畢業就可以出來賺錢養她了，我甚至覺得她不愛我們，也可能是不夠愛我們，她為了我們三個孩子，就不應該走出這一步……

母親去世後，陳娟的人生分叉為兩條軌道。一條屬於自己：十八歲時，她前往離家鄉千餘公里之外的大城市讀大學，研究生畢業後前往北京工作、定居，完成婚姻大事；同時運行的另一條，是她身為長姊所肩負的部分母職，幫父親一起照顧弟弟妹妹，事無鉅細地愛護著他們，「他們從小到大做錯事情、學習成績不好，都要我去操心，當姊姊很累。」這兩條軌道拉扯著她的心力，她無法取捨，只有盡力兼顧。

「不努力就一定沒有收穫」

女兒在陳娟三十二歲那一年出生，她希望自己能成為稱職的母親，盡可能地提供最好的陪伴和教育，彌補她自己成長時期的缺失。從幼兒園開始，陸續為女兒報了英語、鋼琴、舞蹈、羽毛球、足球等培訓班。從小地方一路考上重點大學、從此改變命運的陳娟，最信奉勤奮，她給女兒從小灌輸的一個觀念就是，「努力了不一定有收穫，但不努力就一定沒有收穫」。

陳娟清楚地知道，在競爭激烈、人才輩出的大城市裡，女兒這一代人很難再複製她當年的考學模式，在學習、音樂、運動等多個方面都優秀、拔群的孩子愈來愈多。她總結道：

> 大家都「雞娃」以後，分數線水漲船高，優秀的標準也愈來愈高。（我）普通「雞娃」就好，不想把孩子逼得太緊、太死，學校裡的「牛娃」*太多了，沒辦法比，也沒有止境。

即便是「普通雞娃」，陳娟依然在女兒的學業和課外活動安排上付出大量時間和精力，從選擇鋼琴老師、線上英語課程到運動項目等，她都四處搜羅打聽資源，做功課對比，既需要考慮教學品質和口碑，又得兼顧能否長期負擔等經濟、時間成本。關於一年的「雞娃」費用，她大致算了算：

英語線上課一次性付費兩萬人民幣（約新台幣九萬元），鋼琴課的花費在兩萬（約新台幣九萬元）至三萬人民幣（約新台幣十三萬四千元）之間不等，除了日常培訓之外，還有比賽、考級等費用；再加上舞蹈課、羽毛球課、足球課，從幼兒園大班開始，除去公立學校的學費之外，女兒一年課外培訓花費高達七、八萬人民幣（約新台幣三十二萬至三十六萬元之間）。這還是她經過精打細算、反覆篩選後的開銷。

出於經濟條件的考慮，她不得不放棄一些比較昂貴的課程，例如，女兒曾經體驗數學思維課，一小時要五百人民幣（約新台幣兩千兩百多元），

* 「牛娃」相對於「雞娃」（使用各種方式刺激孩子們發展潛能），「牛娃」是名詞，意指各領域都優異或特定領域優異的孩子。

她便改為讓擅長理科的丈夫每週抽出時間來輔導女兒做課外習題。教育方面，她像個經紀人一般，負責一切有關的規劃，同時也是專業「陪練」。剛開始學鋼琴時，陳娟和女兒一樣零基礎，從頭學樂理知識和指法，每堂課後，和女兒一起複習。週一到週日晚上九點左右，家裡的鋼琴聲準時響起，這是女兒完成課內作業後練琴的時間，每日不輟。陳娟會準時坐在一旁，仔細觀察哪個音彈錯，哪處指法需要改進，向老師即時回饋學習的進步。

她用堅定的語氣告訴我：「如果家長不約束，孩子是不可能自覺的，他們根本不知道什麼叫自律。」她還要求女兒每週末在社區內活動時，先跑八百公尺，跳繩兩分鐘後，才能和朋友玩，並且會反覆強調，「這個次序不能顛倒」。

陳娟全心投入女兒的學業，相形之下，她回憶起自己——從小到大幾乎都是靠自己一路埋頭摸索、勤奮苦讀。母親做了一輩子的家庭主婦，沒有離開過家鄉半步，印象中她僅負責子女們吃飽穿暖，從未過問他們的學業。遇到人生的關鍵階段，陳娟總是會求助於父親。父親的教育程度也不高，念到初中就輟學，一直在外打工賺錢。而父親即使結婚後，也沒有困於繁雜的家庭事務，因此比她的母親有時間和精力「見世面」。父親不僅是家庭經濟的「供給者」，在她人生的一些關鍵時刻，例如，報考大學選志願、擇偶的時候，還擔負著「指導者」的角色，為她的未來發展出謀劃策：

我媽那時候說了好幾次不希望我考高中，女孩子讀個師範就好，早點出來賺錢。我爸爸雖然文化也不高，但他一直鼓勵我，讓我放心大膽地去念，學費不用擔心，只要我能考上去，他就會想辦法解決。

如果沒有我爸，我可能不太會考出來，現在應該還在老家。我爸雖然沒讀過什麼（書），但看得多聽得多，人也聰明，給了我很多幫助。碰到問題，我都會聽聽他的想法……

陳娟坦言，慶幸自己當年堅持求學這條道路，否則不難想像仍然留在家鄉的生活：會在大約二十歲的時候，早早結婚生子，甚至可能會像她的母親一樣，把生育當作一份工作，直到生出一個男孩，才算是完成一輩子的任務，成為一個家庭主婦，整日做飯、帶孩子。她記得十四歲的那個夏天，母親離世後，她默默下定決心離開家鄉，去遠方念大學，看看外面的世界，親手創造屬於自己的生活。經過十多年的努力，她安頓好工作和家庭後，按照自己對於一個好媽媽的設想，無微不至地陪伴著女兒。

她承認對女兒要求嚴格，也知道女兒有時候會有一些反抗行為，例如，在她下班還沒到家時，溜去鄰居家找小朋友玩耍；學琴到第四年，已經不再願意讓媽媽坐在一旁陪練、盯緊進度，希望能有一些自由空間，而非總是在她的管教之下學習。

她感到，女兒有時候已然像一隻渴望到叢林裡探險的幼獸，慢慢練習著獨立，一點點向外踏出腳步；雖然有時候還像幼兒時期一樣，無比親密地貼著她，會在某些夜晚吵著擠到大床上同睡。女兒有一天躺在她身邊，即興口述了一首小詩，她如獲珍寶般地錄音記錄下來：

躺在媽媽的身邊
好像睡在夜空裡
我聽見鳥兒在叫

風吹著葉子
我喜歡這嘩嘩嘩的聲音
我看見星星望著我
好像要張嘴和我講一個美麗的故事

隨著社會的變遷，女性在家庭中扮演的角色和承擔的職能漸漸發生變化。和過去相比，當代女性高度嵌入社會發展的齒輪中，不再只是為家族延續香火，操持家務，而是透過外出工作大大提高對家庭經濟的貢獻，同時仍需要在管理財務、兒女教育貢獻時間和精力。其中最重要的一環，就是對孩子實現社會階層的向上流動寄予極高期待，並為此費盡心思。

法國社會學家布赫迪厄（**Pierre Bourdieu**）提出「文化資本」（**Cultural Capital**）的概念，在他看來，教育是社會階層保持優勢的隱蔽手段，下一代的文化資本累積尤其重要。

受過良好教育的中產階層母親，擔心孩子因為教育失敗而無法從激烈競爭中突出重圍。她們將壓力和成功畫上等號，用自己能夠理解的生存方式，為兒女也套上升學枷鎖。她們在家庭中愈來愈處於核心位置，比從前投入更多金錢、精力和時間，一些父親則扮演著「服務者」的角色，執行支援性的輔助工作。例如，陳娟的丈夫負責接送，往返於家、學校和補習班之間，很少在女兒的學業規劃上提出意見，一切以妻子安排為主。陳娟笑著說：「很多人誇他看起來年輕，那是因為他從來不操心，不去考慮未來啊！」

受過良好教育且經濟獨立的陳娟，和母親最大的區別，是她在家庭生活中有話語權，並且能夠數年如一日地實踐自己的教育理念，每天上班前和下班後都圍繞著女兒的學業、生活起居而忙碌，毫無保留地付出。她深信讀書改變命運：「我女兒現在的條件比我那時候好太多了，她努力認真地學，不能說更好，肯定不會太差吧。」表面看起來，陳娟實踐母職的內容和上一代女性有明顯變化，實際上相似的是，她同樣沒有屬於個人的時間。她不僅需要為家庭創造財富，還需要為孩子的各種教育殫精竭慮。

作為母親，女性無論曾經對自己的生活有著怎樣的想像與規劃，當孩子步入正式學習的軌道，免不了需要和同齡人競爭後，都會不由自主地開啟「密集母職模式」。一九九〇年代，美國社會學家莎倫・海斯（Sharon Hays）提出了「密集母職」（intensive mothering）的概念，用來描述一種在社會上愈來愈普及的現象：「媽媽投入大量時間、金錢、精力、情感和勞動來撫養、教育孩子，一切以孩子的發展需求為優先。」

這背後隱含的社會觀念是，人們對母親一職抱著極高的社會期待，孩子自出生後便成為女性生活的重心。隨著時代的變遷，母職的內容發生變化，她們不僅是傳統意義上的「照顧者」，而且要學習如何正面管教，耐心營造親子氛圍，心細如髮地為下一代規劃，並和孩子榮辱與共，參與他們每一階段的人生選擇，努力讓孩子的每一步都能踏在正確而光明的道路上。

「我往前推一步，他往後退三步」

張琳四十三歲，有一個十四歲的兒子和一個四歲的女兒。自第一個孩子出生後，她就在成為「完美母親」的道路上努力。休完產假，她馬上回到工作崗位，為了盡可能地多陪伴孩子，每天利用上下班通勤時間處理工作資訊。成為母親後，她似乎沒有發生什麼變化，始終像一列高速行駛的火車，轟隆隆地前進，不允許自己出現絲毫懈怠或是停滯。

她坦言，自己「雞娃」開始得很早，閱讀很多中外幼兒啟蒙教育的書籍後，就迫不及待地實踐在兒子身上。從中文繪本、英語啟蒙到故事、認字、加減法等，凡是她能獲取的學習資源，都會找機會灌輸給小孩。

在她看來，幼小的生命由父母塑造，如果沒有做好啟蒙教育，是一個母親的失職。張琳是一個完美主義的人，在履行母職時，會忍不住地為自己制定很多高要求，同時也期待兒子能達到她的標準。

那時候我在他身上花的功夫特別大，不是說我要什麼樣的成果，就是想興趣引導。我記得他一歲半的時候，我們去他奶奶家，我帶了二十多本書，他會讓我從頭到尾一本一本地讀下去，講得我都口乾舌燥。等到上幼兒園了，開始去學認字的時候，發現他學得也不是那麼快。三歲多開始學英語，我拿繪本、音檔還有一些影片（給他），那時候我覺得他學得很快的，進步還蠻明顯。一直到上小學前，都感覺他還是挺聰明機靈的一個孩子，工作再忙，我都一直堅持給他中文閱讀、學英語、心算練習……

兒子成為小學生後，張琳一開始保持淡定。到了二年級，眼見周圍的媽媽給孩子報名各種才藝班，她也不由自主地「捲到漩渦裡」，跟著其他媽媽給兒子報了奧數、語文、英語課。週末孩子除了做作業，就是奔波在趕赴這些才藝班的路上。

母親們看起來努力維持著正常運轉，孩子卻漸漸被捲入競爭中。從成果來看，張琳發現兒子不僅沒有在一些難題上顯示出太強的學習天賦，連完成校內作業都漸漸出現問題，主要表現為不想寫作業，「週末坐在書桌前，耗一天也不寫字，他就坐那兒給你耗著」。

張琳看在眼裡，急在心裡，試圖用一些書上學到的方法給兒子對症下藥，卻發現真正是「脾氣上來，武功全廢」。一年後，張琳的兒子消極對待學業的態度每況愈下，當在兒子身上幾乎無計可施時，她感到自己也正加速邁向崩潰：

學什麼都感覺（他）無法吸收，我一著急就訓他，那更學不下去，在這兒耗著，拿著筆不寫字，我就特別崩潰、抓狂，也不知道怎麼回事，我到底做錯了什麼。那時候四年級了，眼看就要「小升初」*了，人家都在把握時間拿證書、做習題，他連寫個學校的作業都要耗一天，熬到晚上十一點，還沒寫完，磨磨蹭蹭，心不在焉，非常簡單的題目怎麼都教不會，就是不樂意寫（作業）。我問他為什麼，死都不說話，再問就對我說：「妳打我吧。」我氣得和他一起抹眼淚。

當時就想：我這麼積極努力上進，怎麼生了這麼個兒子呢？我還怪他爸爸，兒子動作這麼慢，像他。我打也打了，罵也罵了，效果沒有，逼得緊了，他還整天生病，不是頭疼就是喊肚子疼，再不然感冒了，頭暈了，三天兩頭地請假。

兒子的情緒狀態愈差、學習效率愈低，張琳就愈焦慮，幾乎形成一個難以打破的惡性循環。每當兒子生病，她會勸自己：「身體第一，還是不逼他了吧！」而一旦兒子恢復健康，再和其他同學對比進度，她又感到自己望子成龍的欲望升騰，忍不住地跳起來指責兒子：「你光身體好，成績不好，有什麼用，以後怎麼辦？」

張琳無法想像如果兒子沒有能夠升入一所理想的初中，他能擁有怎樣的未來。由此產生的焦慮和擔憂整日圍繞著她，她將那些教育書中的方法和理論翻了又翻，到處討教經驗，想練就一身功夫來解決兒子的問題，結果她無比失望地認識到一個事實：即便自己平時是一個勤奮努力的人，也無法實現言傳身教；即便使出渾身解數，也無法灌輸到兒子的身上——每當她試圖「往前推一步，他會往後退三步」。

比學業毫無進展更糟糕的是，母子關係也在那個階段達到冰點。張琳能夠明顯地察覺到，兒子在用八成的精力對抗她，只用了兩成的精力在學

* 「小升初」是中國小學生升入初中（臺灣的國中）的簡稱。在中國，小學生入初中是免試的，但民辦初中和部分公辦重點初中仍舉辦考試選拔。

業上，壓抑、焦慮、低落的氣氛籠罩著整個家庭。

張琳自認是一輛常年高速運行的列車，並引以為傲，從未想過在兒子這一站會陷入失控。她彷彿坐在駕駛室裡，滿眼恐懼地看著列車即將滑出既定軌道，為了止損，只好急剎車停下。

育兒書固然能幫助媽媽們解決一些教育實踐中的問題，卻更加深了她們在親子關係中的執迷，忽視要去理解問題本質，總認為自己可以無所不能，有限的只是孩子的認知和能力。

「我放下了手裡的尺」

張琳在崩潰和擔憂的情緒裡度過了一年多。一次偶然的機會，她終於忍不住向兒子的一位科任老師傾訴長期以來的焦慮和苦惱。經過多次溝通，她發現兒子在學習之外，已經有非常明確的興趣愛好，像是打擊樂，還被選進學校樂團；熱愛機器人程式設計，代表學校去參加比賽，拿過不少獎項；把烹飪作為一種生活的調劑，照著網路上的影片琢磨，學會了好幾道家常菜和西點。

在張琳眼裡，一切和學習無關的興趣都是不務正業，沒有把時間花在做習題上都是浪費生命。而這恰巧是她們母子之間的分歧和衝突所在。她漸漸認識到，想從根本改變現狀，應該從改善母子關係入手，如果繼續站在比兒子更高、更強勢的位置上去控制指揮他的人生，要求他百分百長成自己期待的樣子，那麼她這輛被迫停下的列車，可能永遠也無法駛出車站，前往下一個目的地。

我一直在反省，以前一直拿他和我比，但是這樣比較下來，根本比不出什麼高下，只不過我們母子特點不一樣而已。我是完美主義的急性子，什麼都要又快又好，他喜歡享受生活，不想只有學習，也不想只有成績好才能得到媽媽的肯定。

我是媽媽，我站在自己的角度去評判孩子，用我自己的特質去要求孩子。孩子如果站在高處看我，他會不會覺得我這個媽媽太功利、只看結果、太冒進、太不可理喻呢？孩子是我生的，但畢竟不是我啊！

張琳重新審視自己在親子關係中扮演的角色，同時打開視野，轉變看待問題的角度，從只關注成績轉向關注孩子的身心狀態，從只關心升學轉向關心兒子的情緒和需求。之前，她總認為一次考試就能決定兒子未來的命運，「只要有一次考不好，都覺得後面人生就毀了」。抱著這樣的念頭，張琳總是希望能幫助兒子控制好學業上的每一個環節，像在流水線上組裝產品，旋緊每一顆螺絲。

兒子和自己對抗的幾年時間裡，她從憤怒、不解、無奈到向內尋找問題，逐漸釐清亂麻——世界上的路有千萬條，不是只有一條正確的，兒子的學業之路亦是如此。她嘗試著不再做直升機媽媽，不再時時刻刻盤旋在兒子的上空監督著一切。

她先是取消所有的才藝班，讓兒子專注於校內課業，也有更多時間和精力去參加戶外運動。她不再把著眼點放在他的每一次考試和每一天的作業上，同時開始放手鼓勵兒子學著從錯誤裡找到解決辦法；也不再總是想著往前推一步，而是站在原地等待，等待母子之間長期對抗的高度張力漸漸消失。一年多後，他們之間緊張的關係終於得到明顯緩和。兒子的狀態愈來愈好，成績也有所提升，平穩度過了「小升初」階段。

我以前以為自己是天下唯一的真理，一切都是為了孩子好。放下對他的控制，不給他那麼大的壓力之後，我不再那麼焦慮了，變得寬容、隨性了。他有更多的精力去學習，也不那麼容易生病請假了，即使偶爾有不舒服，我也不那麼抓狂了，想著不舒服就休息一天吧，也不會導致什麼不能接受的結果。（他）以前可能被我逼得覺得（自己）一事無成，籠罩在焦慮、壓力裡，心裡非常壓抑，也沒什麼自信心，上課都不敢舉手發言。

他最後去了一所普通中學，很適合他的性格和興趣愛好，現在每天可以自己安排時間，雖然還是有點小拖沓，但是和小學時候比真的是太進步了。我從來不檢查他的作業，時不時會催促幾句，也正常吧，畢竟我不是聖人呢，老母親的心啊！

張琳自嘲「雞娃」失敗，但結果是她更希望看到的。過去她總是拿著一把尺處處衡量兒子，以為可以精準地規劃他的學業，卻發現使出的都是蠻力。忽略兒子是一個獨立個體，一直用精心呵護、照顧嬰兒的方式去引導、教育一個少年，將自己認為最好的一切都強加在孩子身上，結果處處碰壁，導致兩代人之間的衝突愈來愈頻繁。

在母親心裡，孩子是她用雙手一點點累積起來的財富，幼小的生命依偎在懷裡，吮吸著奶水長大，漸漸學會微笑、坐立、爬行、走路、說話，就像大自然紀錄片的鏡頭拍攝花朵綻放的瞬間，肉眼可見地茁壯。而決定一朵花成長的，不完全是種子本身，還有陽光、空氣和雨露。每一朵花都具有獨一無二的特質，以及無法被提前建構的生長軌跡。

張琳回想兒子和自己對抗的三年裡，彷彿走過了一條又長又黑的隧道，到半路時，她以為再也走不出去了，直到終於尋到一點微弱光源，摸索著向前，愈來愈亮，綠樹和藍天再次映入眼簾，才真正確認將黑暗留在身後。她眼眶有些泛紅地感慨：「我算是幸運的，如果晚幾年才去改善（親子關係），很可能真的回不來，可能孩子已經離家出走了。」

訪談快結束時，張琳接到兒子的電話，兩人輕鬆地聊著當日的晚餐安排，你一言我一語地說笑著。掛斷電話後，她驕傲地說，兒子現在與她幾乎無話不談，「聊學校裡發生的事情，班級有哪個女生向他表白都告訴我……」能夠從一對只要一學習就雞飛狗跳的母子，變成在考試前夜一起散步談心，她覺得是兒子和自己都主動向前一步，才能肩並肩地走。如果其中有一個人走得太快或是太慢，都會讓這段關係充滿緊張的拉扯。

這個來之不易的成果，並不是讀了幾十本教育類書籍教會她的，而是孩子教育了她，讓她開始向內學習和反省，真正看見並且尊重一個生命的生長，明白什麼是真正持久的母愛——孩子並不是一張可以任由家長潑灑的白紙，或是一個可以隨意揉捏的泥人，而是一粒看起來或許其貌不揚的種子，生來擁有內在的潛力和秩序。

母親要做的，是信任和尊重孩子，從心理層面去引導，讓他們有信心、有能力去完成自己的夢想。在剛滿四歲的女兒身上，她篤定自己至少不會再犯同樣的錯誤了：

教育的問題，其實不在於學什麼教育理念和方法，而是媽媽本身的提升。當媽媽的視野放寬、身心平衡的時候，引領孩子的成長就是副產品，一切都會水到渠成。我現在就真的很堅定地不去要求孩子一定怎麼樣，或是要求成績要名列前茅。我覺得決定他們人生幸福的面向很多，而且幸福感是任何人都給不了的，孩子有感受的能力，還有生活的能力，對他們來說才最重要。

慢慢地我放下對事情的期待，因為我所期待的結果，只是一種可能，其實還有很多可能，也未必哪種就是最好的。在兒子身上，我看到一個積極向上、有熱愛、有追求的生命在成長，這就夠了。

張琳在母職身分這十多年的實踐裡，大部分是在全身心地付出，盡力給孩子搭建一個最佳的養育環境，同時嚴格要求自己成為一個完美的母親，全年無休。她期待的是能夠與之相匹配的高回報，收穫一個成績優異、乖巧聽話、如願進入重點學校的孩子。她原本以為這場馬拉松比賽，靠勤奮和毅力就能保持在隊伍的前列，順利到達終點線。

然而現實讓她明白，如果不注意調整呼吸、擺臂的節奏和雙腿使力的方式，跑不到一半便會精疲力竭。張琳發現自己對兒子的愛和期待快要淹沒他的時候，才意識到需要向後退幾步，放鬆步調，把力量用在合適的地方，而不是讓過度的力道像漲潮的海浪，毫不留情地吞噬她們母子。

和上一代的母親相比，這一代的女性身處技術和資訊發達的社會，擁有半自動化或者全自動化的育兒設備，比如溫奶器、副食品調理器、嬰幼兒專用洗衣機等；需要瞭解什麼資訊，上網搜索就有大量資源可供對比和選擇。然而對母親們來說，負擔真能因此減輕嗎？可以毫不費力地享受親子之愛嗎？仔細想一想，事實上，正是這些便捷，讓很多城市的中產女性一步一步踏入「精緻化育兒」中，為孩子成長中的每一環，尤其是教育，而殫精竭慮。

「該成為一個什麼樣的媽媽？」母親伴隨著孩子的成長，年復一年變換著這個問題的答案。每一代女性都有需要探索、追尋的答案。在少子化的年代，孩子成了一個家庭更珍貴的「資產」。在社會的約定俗成中，一個「標準」的好媽媽，不僅要確保孩子的身心健康，還需要在教育上做足功課，養育孩子的責任感不斷規範著女性的生活，每走一步都戰戰兢兢，唯恐有一丁點疏漏，害孩子輸在起跑線上。

父母們試圖將起跑線畫在孩子的面前，在太陽明晃晃的照射下，清晰又閃亮，彷彿鑲上一條金邊；期待孩子稚嫩的小腳一旦觸碰到邊緣，就會立即啟動某個按鈕奮勇向前奔跑；他們還內建了一個時鐘滴答滴答地提醒著：該去上補習班，該準備下一場考試，該練琴，該參加奧數比賽了……永遠在不停地闖關，計算著這一次的成績處於什麼位置，超過或是落後了多少人，下一次又該如何努力保住名次，或是再往前進一步。什麼是標準？什麼是優秀？什麼是最好的？作為身處家庭「軸心」的母親和孩子一樣，需要扒開時鐘下的縫隙，才能大口地暢快呼吸。

張琳重新梳理母職時，發現改善親子關係需要踏出的第一步，是把身體裡那個總是滴答作響的時鐘掏出來放一旁，主動放慢腳步，感受呼吸，當母親不再把「完美的媽媽」作為人生目標，放下焦慮後，孩子才能心安理得地跟隨自己的節拍，自信地向前跑。

很多女性忍不住感歎，有了孩子之後，自己的時間都被吸入漩渦中，為了配合孩子，不得不放棄個人成長空間。逐漸淡化甚至捨棄掉一些社會身分，忍不住將更多的期待和希望都寄託在孩子身上，結果導致雙方都陷入多重壓力之中。女性不僅無法擺脫兼顧「家庭責任」和「社會角色」的困境，也在「做好自己」和「雞娃」之間進退兩難：既想無所畏懼地披荊斬棘，又想反求諸己，釋放一些讓孩子自由成長的空間，創造一個更加健康、和諧的親子氛圍。

成為母親，是一個教育與被教育的過程，也是一個放下自我又再度拾起的過程。在媽媽們的引導下，孩子們搖搖晃晃地邁出第一步，奶聲奶氣地說出第一個完整的詞，而當他們擁有了生長秩序和語言系統之後，則更希望由自己掌握人生，不再聽任擺布。比起女人天生即母親的論調，我更想大聲疾呼，女性成為母親不是一瞬間的事情，而是一個過程，女性從與孩子的互動中，一點一點理解何謂母性。

女性從自己的母親身上得到哺育生命的初始經驗，又在不同時代的社會氛圍作用下，於新觀念和舊習慣的夾擊中，重新審視一個母親究竟要經歷多少，才能在扮演照顧者、教育者之外，重新找到屬於自己的「第二成長曲線」。

英國哲學家、教育理論家懷特海（Alfred Whitehead）在《教育的目的》（*The Aims of Education*）一書中曾寫道：「教育的問題是如何讓學生借助於樹木來認識樹林……教育只有一個主題，那就是多彩多姿的生活。」[34]

母親們當然也可以借助這個由她而來的生命去往更遠的地方，從一棵熟悉的樹開始，慢慢步入一片陌生而又廣袤的樹林；從一個可能性開始，慢慢看見更多的可能性；從只追求單一結果，慢慢接納多元化的生長。

第八章

隱形的父親？

「我覺得我老婆比我更擅長做這些事。」

我們普遍認為，母性是天生的，女性在懷孕期間已經與孩子建立了緊密的連結；而一個男人要成為真正的父親，則需要通過後天的豐富體驗才能慢慢習得。從社會意義上說，一個男人擁有父親的身分後，他和另一個生命便從此緊緊地捆綁在一起。

傳統的父權文化中，男性將大部分時間用於打拚和賺錢，鮮少扮演照料者的角色，因此父親的主要職責是物質的供養者，是家庭經濟的支柱。隨著女性的勞動參與率愈來愈高，對家庭的經濟貢獻愈來愈多，父親的角色開始變得多元而複雜，男主外、女主內的傳統家庭分工模式開始鬆動。

一些女性在不斷地協商和努力後與丈夫採用分工合作的形式來減輕母職的負擔，傳統的父職內容因此出現主動或是被動的調整。

本章深入描繪丈夫和妻子的互動、照顧孩子的方式、個人對父親身分的認同以及工作狀況等，歸納出四種父親類型的特點。其本意並不是要為他們貼上標籤。事實上，一些男性所扮演的父親角色會隨著孩子成長而變化，也可能兼具多個特點。我們只是希望讓大眾看到，當這些城市中的妻子在工作與家庭之間維持平衡的同時，這幾類型的男性經歷著什麼樣的心態轉變。這些父親是否會更主動、積極地為育兒和家庭做出貢獻？和傳統父職相比，這一代的父親們有哪些不同？在競爭又「內卷」（惡性競爭）的工作文化之下，他們會面臨什麼樣的妥協？追問這些環環相扣的問題，有助於我們以另一個視角來看待家庭中的性別分工。為了實現兩性在職場上真正的平等，我們不可忽略男性在育兒中扮演的角色。

家具爸爸

「我覺得我老婆比我更擅長做這些事。」被問到和妻子如何在育兒中分工時，不少男性抱持著這樣的觀點。尤其是孩子三歲以前，生活上需要事無鉅細的照顧，許多父親感到難以插手，往往只是像一件家具般沉默地杵在家裡，常常呈現出「媽媽帶孩子，爸爸旁觀」的場景。

男性在成為父親後，對於工作和家庭的時間安排有了矛盾的想法。一方面，他們希望能有機會陪伴妻兒，享受家庭時光，同時又受到傳統觀念男性形象的影響，渴望比從前擁有更高的收入、更體面的社會地位，成為家庭的支柱。另一方面，當前的職場文化仍要求男性以工作為重心，因此專為男性提供的相關福利少之又少。例如，男性和女性的產假之間存在著巨大差異。目前中國各地規定的女性產假是一二八到一九〇天，男性陪產假則在七到三〇天（編按：臺灣女性產假按性別平等工作法為八週，男性陪產假則為七日）。被問及是否知道有陪產假時，絕大多數受訪男性表示並不清楚存在這一福利。

因此從現實層面而言，很多男性在時間和空間上就將自己從「照顧新生兒和產婦」中抽離了出來，進一步在腦海中強化了其所承擔的主要職責就是「賺奶粉錢」，好像負責打獵的雄性動物一樣，將食物帶回家是他們的天職，而餵養、照顧幼子則屬於雌性動物的職責。

這樣的思維慣性之下，在養育中遇到問題時，一些男性的第一反應並不是留下來幫助妻子一起解決問題，而是暫時逃離混亂的育兒現場，讓自己如同一件家具一樣保持固有的沉默。本書第二章〈生育：重塑的自我〉

中提到的韓冰，她的丈夫李錚認為，家是港灣，而妻子是締造這一切的主人，他只想在忙碌一天回到家後，享受其中的和睦與溫馨。面對妻子的要求和「指責」，他頗感無奈和委屈：「不知道要怎麼做，老婆才會比較開心，我上班工作壓力也很大。」

而在韓冰看來，最讓她感到失望的，是丈夫李錚並沒有意識到，她同樣有一份忙碌的工作，同樣需要在疲憊而充滿壓力的一天之後得到理解安慰，以及行動上的支持。

在強調男性生產價值的父權制文化下，「家具爸爸」們的存在似乎成為順理成章的事。再加上生育政策的偏頗，導致大部分男性鮮少有機會思考「男主外、女主內」的傳統模式在當今社會的合理性，理所應當地認為女性在家庭中是愛的提供者，是關懷和照料的專家，所付出的勞動也都是以「愛」為名對家庭數年如一日地奉獻。

一份調查顯示，從二〇〇八年到二〇一七年的十年裡，〇到六歲孩子的中國家庭中，男性照料孩子的時間從〇．六八小時／天，增加到〇．九二小時／天，而女性則從一．六六小時／天增加到三．〇五小時／天。

可以發現，儘管過去十年中男性在照料孩子方面有些微進步——從相對數據上看，大概增加了十五分鐘，但女性花的時間則在十年裡增加了將近一倍。兩者之間的差距不是縮小，而是拉得更遠。[35]

部分男性往往為父親這一角色描繪英雄主義的色彩，幻想自己是一個無所不能的超級英雄，多數時候隱身於家庭角落，遇到危難才挺身而出。成為真正的父親後才發現，在實際的育兒過程裡，根本沒有那麼多幻想中的高光時刻。踏踏實實打理好生活中的一飯一蔬，陪伴孩子日長夜大，更需要的是英雄「下凡」。

如果沒有終日與餵奶、換尿布、陪玩、做飯、家務、輔導功課等瑣碎事務奮戰，如果沒有像母親們一般經歷日復一日的操勞，如果沒有親身經歷馬拉松式的疲憊，「愛」很難自然而然地生長出來。如果一個家庭中的種種問題都由女性來消化，無疑會對婚姻造成衝突與壓力。

對承擔育兒與工作雙重職責的女性而言，難以承受的不僅是生理上的過度勞累，也是面對「家具爸爸」們沉默與隱形時，她們心理升騰的怨氣，背負著苦澀、沉重的負擔。

週末爸爸

女性努力在工作和育兒之間維持平衡，忙碌了一天之後，回家「輪第二班」，將時間和精力繼續貢獻給家務和孩子。而問起男性如何管理家庭和工作的時間分配，他們很少使用「平衡」這個詞。即便認同配偶和子女在人生中的重要性，當工作和家庭安排有衝突時，他們大多數會選擇前者，將平衡的難題留給妻子。

第三章〈永不下班的職場媽媽〉中，詠兒盼著能早日結束和丈夫分居兩地，共同分擔育兒工作；丈夫任傑則認為，孩子的爺爺奶奶已經在「大後方」替他解決很多家庭事務，好讓自己暫時將父職放一旁，他要趁著事業處於起飛階段，把握時間在「前線」打拚、賺錢。任傑今年三十七歲，是一家公司的中階主管，平時在外地工作，只有週末或假期才飛回妻女所在的城市，在五歲的女兒面前，成了一個「週末爸爸」。他分享自己週末帶孩子的流程，有意思的是，在自述的開始，他就先給自己下了個定義：

我肯定不能算是一個正面的案例。

我只能說在能夠抽出來的時間內，盡可能去支援家裡。我能做好的，就是跟她在一起時盡量專注，不玩手機，不去想其他事情。目前為止大多數回家的時間，這點還是能做到的。我通常週五晚上飛回家，週六早上就不再睡懶覺了。女兒六、七點左右起床，我也起來，陪她出去玩。我老婆正好多睡會兒。

我帶小孩出去買早餐，八點多回來一起吃，或在外面吃完了再回家。白天在家陪她玩玩具、畫畫之類，吃午餐後午睡，睡醒起來，有時候帶她去運動，或者去商場的遊樂場，玩到回來吃晚餐。晚上洗澡和哄睡，她不讓我參與，這是媽媽或者奶奶的專屬活動。但上一次回去的時候，我爭取到給她講睡前故事的機會。

任傑將現階段的職業發展及其能夠帶來的經濟回報放在優先地位來考慮，他很堅定地認為，自己在短時間內不會改變「週末爸爸」的狀態。在他看來，自己是家庭經濟的重要來源，加上處於事業上升期——基於這雙重因素，如此安排理所應當且合情合理。當「職場發展和加薪關鍵期與密集育兒期衝突」時，他必須做出取捨。他傾向把育兒這件事放在更長遠的時間軸上來處理，不必拘泥於每一天都必須陪伴在女兒身邊。當問及內心是否會因此感到遺憾時，任傑明確地說：「不會，現在的家庭狀況，是我之前決定去外地工作時就想到的。」同時，他反問道：

她不是要上小學了嗎？她可能還有叛逆期，到時候我會盡量支持她。我做爸爸的時間還長著呢。

而在詠兒看來，女兒六歲以前的成長期稍縱即逝。丈夫如果持續扮演「週末爸爸」，會錯過和女兒建立親密關係的黃金時期。現在他能參與的育兒活動非常有限，無法獨立地和女兒相處，哪怕只是一天的時間。

她曾考慮過換一份不需要加班的工作，把更多時間留給女兒和家庭，卻擔心自己這樣單方面維持平衡，在一些時候「既當爸又當媽」，會導致丈夫更心安理得地延後團聚期限，延長兩人分開工作和生活的時間。經過半年多的協商——其中不乏頻繁的爭執，任傑終於做出妥協，承認現在的家庭模式確實存在隱憂，並不是長久之計。夫妻倆達成一個共識，他們為這個分居狀態界訂了兩年的期限，也給「週末爸爸」確立了「結束任期」的時間。

雙薪家庭中的男女都會面臨的問題是，如何在社會活動（包含工作、社交等）和家庭生活之間做出選擇？

一般而言，女性會是那個選擇平衡或主動回歸家庭的人，而男性更傾向於將自己設定成在外衝鋒陷陣，把事業發展置於首位。他們較少會考慮女性在職涯發展需求與育兒之間的衝突。在育兒過程中，他們總是抱持著幫忙、配合的心態；落實到行動時，他們會更常從現實層面做出取捨，尤其是孩子在嬰幼兒時期，需要大量細膩的生活照顧，他們會預設由妻子或是其他家人幫忙去完成大部分的工作。

每當投入工作時，母親們常常無法放下對孩子牽掛與愧疚的心情，左右為難。相較而言，「週末爸爸」們在追求實現個人價值時，不會像很多母親一樣，將育兒看成一份捨我其誰的工作。

職場媽媽們在商務晚宴和家長會之間奔波，在深夜加班趕報告和照顧生病的孩子之間無縫切換，如果沒有能夠做到，便會自嘲是個「糟糕的媽媽」。相對而言，父親們則傾向為自己留更多的進退餘地，讓自己可以階段性地、更富時間彈性、有選擇性地履行父職。例如，只有在週末有空時，或者等嬰兒學會走路、說話、可以簡單交流、能夠遵守一定的生活規範後，父親才願意花大量時間交流和陪伴。

救火隊員爸爸

有一些男性開始認識到，男主外、女主內的傳統家庭分工正在鬆動。第二章提到的琪琪，她的丈夫李帆回憶起童年時，父母一直屬於「男女搭配，幹活不累」的育兒模式，在家庭內外的事務上都貢獻時間和精力：母親常年一邊工作賺錢一邊兼顧家庭；身為教師的父親承擔更多學業輔導職責，同時也會協助母親分擔部分家務，例如，週末或逢年過節時給一家人做幾個拿手菜。有時候，父母會為了雞毛蒜皮的小事拌嘴，但整體看來，父母維持著互相配合的默契。

琪琪當了兩年的全職媽媽，重返工作崗位後，李帆開始扮演「救火隊員爸爸」的角色。在他看來，快節奏的雙薪家庭很難做出非常清晰的分工，很難明確劃定出雙方應該做哪件事，比較可行的方式應當是——彼此互為幫手。遇到問題，不能只留給媽媽們善後，爸爸們則退在一邊，而是要像救火隊員一樣毫不猶豫地上陣。他對此做出解釋：

誰比較有空，誰就上去做，累了就休息一下。如果規定誰做什麼，誰不做什麼，有些事情就永遠都不知道如何做。疫情隔離的時候，我們家每個人都是既帶孩子，又能做家務、煮飯。會有一個默契，不是說只有老婆能做，我就做不了，在有需要的時候，要像救火隊員一樣遞補上去。

有些時候是需要夫妻兩人一起上，例如我帶兒子去踢球，媽媽站在邊上，拍拍照，帶帶球，跑一跑，參與一下也挺好的，全家其樂融融。有些時候是誰擅長做什麼就去做，我老婆英語發音比我好，那就由她來給小孩讀英語繪本，教一些日常對話。

在成為父親的六年時間裡，他體驗到和孩子慢慢建立親密關係、一起成長所帶來的樂趣和成就感。他盡量每天準時下班，和全家人一起晚餐，等孩子入睡後，再繼續加班。在他看來，陪伴孩子長大是非常寶貴的經歷，如果錯過現在這個階段，將來很難再彌補。

在具體的育兒方法上，和自己的父親相比，他更重視與孩子的柔性溝通，不主張以言語和肢體的暴力管教。與其以嚴厲管教來展現父親的權威，他更希望透過長期的以身作則和耐心陪伴來達到教養目的：

小時候我爸對我很嚴格，他會很凶，遇到問題很大聲地責罵、教訓我，甚至還會扔家裡的東西發洩。我自己帶孩子的時候，幾乎沒發過脾氣。我對兒子是循循善誘，會和他講一些人生的道理。

我反對暴力溝通，有話好好說嘛，或者說就是以身作則。給予（他）

一個有愛的、寬容的環境，（小孩）自然會健康成長。同時要讓孩子見世面，帶他多出去走走，多見見不同的人。我覺得情商比智商更加重要。

第七章中曾經飽受「雞娃」焦慮的張琳，她的丈夫曉辰認為，妻子比自己更擅長規劃，主要由她來掌握和決定孩子教育的大方向，他則更適合扮演「白臉」的角色。妻子和孩子產生分歧時，他會像救火隊員一樣去努力平息兩者的衝突：一方面為妻子提供情感上的慰藉，平復她的心情；另一方面，他會發揮自己的優勢，像是藉由陪孩子運動，在戶外活動中潛移默化地解決問題。

和李帆類似的是，他比伴侶更加注重孩子與外界的關係和連結，更傾向於引導其走出家庭的小範圍，在與他人的相處中獲得成長和改變。曉辰總結說：

有時候我覺得對孩子單刀直入地談，收效不是很明顯。道理可能大家說一說都懂，但壓力不會緩解。我大多會採取一些行動，轉移一下注意力，希望在日常生活中慢慢去磨。在大家高高興興、吃喝玩樂的時候就把事説了，順便把道理講了，那時候（小孩）的反感會比較弱一點。我喜歡帶著孩子和同事、朋友見面，小時候他還跟我出差過好幾次。他應該比一般小朋友去過的城市多。我一直覺得多出去見見世面對小孩的成長很有幫助。我兒子小時候比較敏感害羞，他現在比小時候要好很多。

與前兩種類型的父親相比，救火隊員爸爸願意與妻子共同分擔育兒責任，一起面對孩子成長中的問題，積極扮演一個傾聽者和執行者的角色。他們也都喜歡藉由玩耍和遊戲，或是帶領孩子進入家庭以外的世界，在更大的社交圈中建立具有安全感、支持性、互動性的親子關係，從而幫助孩子解決成長中的難題。

另外，他們都很看重和妻子的關係，會留意她們在育兒中的心理變化；他們相信家庭是一個緊密交織的生命共同體，凡是影響父母的，也會在一定程度上對孩子產生影響。例如李帆會經常和妻子聊天，討論孩子成長的問題，而不是將所有大小事務都留給媽媽去解決：

只要我不加班，我都會在睡前和妻子聊會兒天。她心思細膩，對小孩成長中的變化會比較敏感。我會仔細聽聽她的想法，然後想一想自己還能多做些什麼。我覺得這樣有商有量蠻好的，帶起孩子來不容易有衝突。讓孩子生活在一個有愛的環境裡，特別重要。

皇帝企鵝爸爸

在動物界，大多數動物爸爸不承擔孵化、養育寶寶的主要責任，只有少數種類的動物爸爸在育兒方面有高度的責任感，例如，生活在極寒地帶的皇帝企鵝就是其中一種。雌性皇帝企鵝下蛋之後，雄性企鵝會主動、自覺地接下孵卵任務，時間通常超過一個月，甚至長達兩個月的時間。

在企鵝寶寶破殼之前，皇帝企鵝爸爸們日夜守護，整個過程非常專注，不捨得離開半步，在酷寒的風雪天裡不吃不喝，僅依靠身體原有的脂肪支撐自己的生命。在此期間，由於過度辛勞，皇帝企鵝爸爸的體重大幅下降。好不容易等到破殼，牠們還會將寶寶繼續保留在自己溫暖的育兒袋中進行呵護，可謂專業級奶爸的看護。我們不妨用「皇帝企鵝爸爸」來描述願意主動分擔、高度投入育兒的男性。

小偉，三十一歲，女兒十一個月。回憶起在醫院裡第一眼見到剛出生的女兒，他的嘴角洋溢起初為人父的幸福笑容。那是他一生中從未體驗過的喜悅。既激動又滿腹擔憂，守在小嬰兒身邊，時不時起身觀察，整夜睡不踏實，他這樣描述當時的狀態：

我第一反應是，哎呀，我當爸爸了，這是我的孩子，我的孩子長這樣，覺得好激動。女兒出生的第一個晚上，睡在醫院的透明塑膠小床裡，我睡在旁邊的椅子上，半夜感覺她一點動靜都沒有，就起來看一眼。我想著別出什麼事，睡著了，被子堵住鼻子什麼的。就是完全不知道父親這個角色該做什麼，只能看一看，擔心她睡得不安穩或者怎麼樣。看她安穩呼吸，沒什麼問題，我就躺下來，然後睡沒多長時間又主動醒了，又起來看……

我老婆剛生完，身體很虛，需要休息。我說我除了不能餵奶，其他的事情都可以學著做。例如，她喝完母乳，第一次拍嗝是我抱在身上給她拍的。給她換尿布的時候，哎喲，又尿尿了，濺了爸爸一身，這種感覺挺幸福的。

從妻子坐月子開始，小偉便主動分擔育兒的工作。在他看來，照顧孩子是一個父親的權利和義務，他不希望置身事外：

晚上我睡在她們中間，左邊是老婆，右邊是小床。寶寶醒一定是我先醒，然後把她抱去媽媽旁邊餵奶，換尿布。有時候寶寶夜裡醒了，我會拍一拍，安撫一下……我覺得是我該做的，所以沒有什麼。有些媽媽可能會和爸爸說：「算了，你什麼都不懂，不要摻和了，你在這兒反而搗亂。」反倒是有意或無意剝奪了父親在（孩子）成長中的參與。無論什麼階段，父親的參與既是權利也是一種義務。這一點爸爸自己要想通，也取決於家裡的氛圍，包括孩子的媽媽是怎麼想的。

小偉的妻子熱衷於從社交媒體或書籍吸收育兒方法，同時會要求小偉跟著一起學習，照著實踐。相較而言，他更願意相信自己的親身體驗。在他看來，愈早深入參與育兒，愈能強化親子連結。作為一個女兒的父親，由於性別的界限，更應該在孩子嬰幼兒時期珍惜彼此相處的親密時光，「以後女兒大了，一些事情就不方便做了，像是幫她洗澡、親親抱抱……」。

初為人父尚不到一年的時間裡，小偉每天下班後就回家陪女兒、妻子，和朋友、同事之間的相聚次數比起從前大大減少。每次聚餐，他都會提前「請假報備」，並且嚴格控制自己的飲酒量，盡量保持清醒回家。偶爾到家晚了，他會擔心妻子失望，會因為自己沒有幫忙分擔育兒工作而感到愧疚。

小偉認為，結婚成家代表著個人責任加重，進入三口之家的模式後，肩上的責任又進一步增加，不論男人還是女人，都需要平衡好工作和家庭，甚至做出取捨。他認為這是一種價值觀的選擇，而不是勉為其難的犧牲。

每個人都會做出不一樣的選擇，這與家庭關係、成員相處模式有關，可能就是價值觀的一種體現。如果家庭和睦，就算我工作狀況不太順利，或是有難處、覺得累了，我都會覺得這沒什麼大不了的。如果回到家還得費盡心思去調和家庭衝突，我就會覺得特別累，所以我盡量多顧家一些，把家庭關係弄好一點。我覺得我離不開家庭，孩子也只有一個爸爸一個媽媽，如果因為工作很忙，常年不在她的身邊，或者應酬很多，陪伴很少，只有視訊會面，這對孩子來說就是一種缺憾，是吧？

孩子的成長過程是不可逆的，沒辦法追溯。就是這段時間陪伴少了，之後再努力也彌補不回來，那是工作上再大的滿足感也沒法抵消的，更何況心裡還得一直承受著愧對孩子的這種煎熬……

曾力，四十一歲，兒子八歲，結婚之前曾打算當頂客族，當時的女友、現在的妻子，沒有明確表示贊成或否定。隨著生育年齡和長輩催生壓力，妻子決定在三十五歲那一年當媽媽。在曾力看來，生育對女性職涯發展和生活型態的影響是大於男性的，因此他選擇尊重這一決定，同時在內心也做好了生活將改變的準備：「我一定會控制不住自己，一定會非常喜歡（孩子）的，然後我會主動失去自己的世界和生活。」

曾力坦誠地說：「如果我們沒有生孩子，會過著和現在截然不同的（生活），有可能和妻子換個競爭壓力小一點的城市生活，做自己想做的事情，到處旅行，走走看看。」現在他和妻子將大部分的閒暇時光花在小孩身上，兩人盡量分擔家庭勞務。

「這方面其實孩子的媽媽平時要操心多一些，讓她多照顧衣食方面，她會有安全感一些。」在孩子的教育和學業安排上，曾力和妻子商量討論後共同執行，他努力發揮自己的優勢：

每個週末下午，我會固定帶他去踢足球。沒有送去外面的才藝班，是因為我自己喜歡足球，而且也是一個和小孩交流的機會。我會上網看一些足球的教學影片，研究好了再來教孩子。有時候會約比較要好的幾個小朋友一起玩，作為一個固定的戶外活動。

每天晚上我和太太在晚飯之後會陪他一起去散步，我覺得這就是一個很好的聊天溝通的時間。有時候我們三個會聚在一起，有時候分別行動，因為我和我太太想跟小朋友聊的事情可能也不一樣。我會聊一些數學題，口頭算個24點*，口頭做一些數學的應用題，也會邊走邊說一些古代詩人的故事。我太太跟他在一起會聊一些他學校裡面發生的事。

在小偉和曾力看來，之所以能和妻子達成比較具有默契、分工又明確的育兒模式，一方面是因為他們將工作和生活的界限分割明確——「盡量不加班，不應酬，不晚歸」，以確保在時間和精力上能比較充足地照顧孩子。這當然有工作性質的支持，並不是所有爸爸都有機會做到。

另一方面是，在成為父親之前，他們已經深深明白，生命從此多了一個需要為之全身心付出的小人兒，這並非總是輕鬆愉快、和樂溫馨的事情，常常伴隨著疲憊和睡眠不足，需要犧牲部分個人的時間與空間，需要高度的耐心，更需要與伴侶長期並肩行動。身為父親，不僅僅是孩子的玩伴，更是育兒主力之一。照顧孩子是夫妻的共同責任，而非女性的單方面付出。

中國社會深受儒家父權制的影響，傳統父親的主要責任是扮演嚴格的家長，在紀律和道德規範上，樹立一個母親難以替代的榜樣形象，與孩子的日常生活照料保持一定距離，多數時候維持著「嚴父慈母」的養育關係。

在當前的家庭教育中，一些母親居於核心地位，父親更常扮演協助的角色，但並不表示父親是隱形的、被簡化的。在社會意義上，當一個人進入父親的身分時，他也就選擇進入了一段與孩子的關係。劍橋大學心理學家邁克爾．蘭姆（Michael Lamb）早在其一九七六年出版的《父親在兒童成長中的角色》（***The Role of the Father in Child Development***）一書中就指出，儘管母親、父親分別與孩子互動的類型各有不同，但他們對孩子的影響是類似的，例如，道德發展、社會交往能力、學習成就和心理健康等。[36]

在家庭教育中，父親的積極協同教養會促進良好的家庭氛圍，減少夫妻之間的衝突，有利於建立親密的親子關係，並為孩子的成長過程帶來更多的安全感和信任感。

霍克希爾德在《職場媽媽不下班》中曾提到美國的情況：「相較於父親不投入的孩子，父親高度投入的孩子在社會適應能力和情感適應方面表現得更好，在學業考試中的成績也更好。高度投入的父親所照顧的兒子，

＊24點是一種撲克牌心算遊戲。

更有可能視自己為個人命運的主宰，並且在言語智商測試中表現出更成熟的心理年齡。」[37] 可見父親除了是家庭的經濟提供者，是孩子的朋友和玩伴，同時也是照顧者、榜樣、支持者等。

隨著時代和文化的不同，這些角色的承擔各有不同著重點。從兒童心理發展角度來看，如果父親在養育中盡可能地付出和陪伴，可有效幫助孩子在童年時期建立一個富有安全感的、有愛的屏障，使其受益終身。

「皇帝企鵝爸爸」代表了這類男性：他們會體諒女性成為母親後可能遇到的種種變化，思考並實踐如何分擔育兒工作，營造良好的家庭氛圍，在工作和家庭之間做出選擇和調整，並承受可能為之付出的代價。他們在育兒的過程中不僅是一個執行者，還會發現問題，主動看見妻子的訴求，並且有策略性地提供解決方案，共同投入育兒。

他們和孩子在語言、行動、遊戲中全方位地互動，及時回應和支援孩子的需求，滿足其成長所需要的資源，包括物質和其他無形的資源。他們全心投入父職工作，必要時會調整工作及社交活動的時間，以便妥善負起照顧孩子的責任。

這就好像在地球上最嚴酷寒冷的天氣裡，沒有什麼能夠阻擋皇帝企鵝爸爸們完成一生中最艱鉅、最重要的任務——那就是努力為小企鵝提供安全可靠的保護，以及溫暖、細心的照料。

「時間貧窮」的男人

從上述四種爸爸來看，一些男性在育兒付出程度上明顯少於女性，除了受到傳統觀念的影響之外，還面臨著「時間貧窮」的問題。如果說一些女性是在工作和孩子之間忙得不可開交，那麼男性的時間困境則是讓上班、加班、應酬消耗了大部分的精力，大大擠壓和孩子相處、交流情感的時間與空間——這其中包含了個人的選擇，也有工作環境競爭激烈的無奈。

有些受訪男性表示好像被浪潮推著走，沒有太多自主的選擇，只有靠年輕時多拚搏，在職場內把握升遷的機遇，將來才可能免於被降薪或是裁員的風險。隨著近年來對於家庭中性別分工的討論愈來愈多，男性參與育兒的方式、投入的程度，及其和工作的關係，亦逐漸發生著變化。

首播於二〇〇四年的英國動畫片《佩佩豬》（*Peppa Pig*）講述了一個兩孩家庭的故事：豬媽媽是一位童話故事作家，平時主要在家工作，擔負大部分育兒和家務；豬爸爸是一位建築工程師，在動畫片中常自稱是多方面的專家，卻常由於過度自信而將事情弄得一團糟。

豬媽媽像是家庭裡的執行長，表現得理性、明智、顧全大局；豬爸爸是一位支持者，雖然態度積極，但行動上有些笨拙，當他把家務事搞砸時，總是會第一時間向豬媽媽求助。這樣的家庭分工不脫傳統的男主外、女主內模式，直到今天依然沒有發生本質的變化——媽媽的工作時間富有彈性，以方便照顧一兒一女；爸爸主要承擔賺錢的責任，不擅長處理家庭事務。

而另一部首播於二〇一八年的澳洲動畫片《妙妙犬布麗》（*Bluey*），則更著重於描繪父親的「高品質陪伴」，其獨特之處在於完全顛覆傳統的家庭分工，妻子外出工作，丈夫一邊在家工作一邊帶孩子，塑造出一位性格幽默風趣、充滿活力的父親形象，並且擅長透過遊戲來陪伴孩子，引導成長，獲得無限快樂的親子時光。

從這兩部非常受歡迎的動畫片中可以看出，當父親高度投入於育兒時，會獲得完全不同的育兒體驗，孩子的想像力、創造力、心智都能得到發展的同時，還可以在寓教於樂的遊戲中共度快樂親子時光。然而，一些父親迫於職場上的限制，很難提供孩子高品質的陪伴。

訪談中，多位父親表示，自己的工作技能可替代性高，很有可能會隨著年紀的增長而降低職場價值，繼而面臨收入受限甚至薪資降低的情況。這樣真實又殘酷的危機意識，導致部分男性在工作和生活之間失去邊界感和自我掌控能力，無論是週一還是週末，他們總是以工作安排為優先。

顯而易見的是，在奮力適應叢林法則和當一個好爸爸之間，他們表現出無奈與不知所措。例如，任傑已經是頗有經驗的中階管理者，依然多次在訪談中表達出強烈的職場危機意識。這也是他寧可忍受夫妻兩地分居，也要放手一搏的原因。訪談的最後，他流露出已經做好接受另一種人生設定的準備：

我今年三十七歲，如果這幾年不做出些成績來，那麼再過幾年，很有可能就不進則退了。如果我四十歲創造的職場價值跟三十五歲差不多，從CP值的角度來說，公司很有可能會選擇更年輕的人。如果現在我做著自己喜歡的工作，多花些時間，多存點錢，萬一幾年後被淘汰出局了，我心理落差也不會太大。

如果真的做不出什麼名堂來，我也不會硬撐著，對吧？我就回來。對我們（夫妻）倆來說，至少有一個人要在事業上跑得比較快。我老婆現在工作挺好的，如果她比我升得更快，賺錢更多，那我也要去接受她更忙的（狀態）。大不了到時候，我多陪陪女兒。

今天，愈來愈多人不再固守「女人的人生就是家庭，男人的人生就是工作」這一觀念，很多人都在思考如何重新分配時間：男人可以適當地減少工作量，擁有更多屬於個人、留給家庭和子女的時間，不用總是被工作、外部的社交需求所占滿；女人可以參加工作，或是增加對工作的投入程度和強度，不再做那個唯一必須在育兒和家庭之間做出平衡的人。

從家庭結構來看，如此調整或許讓為人父母擁有更多應對外界重大變化的能力，對家庭經濟結構或是個人發展，都是更加健康、可持續的選擇。我們發現，僅僅依靠個人的力量，家庭很難走出困局，達成較為平衡的分工。在低生育率的風險已經來臨的當代中國社會，能否鼓勵適齡男女生育，其關鍵之一在於反思生育政策給予母職和父職的支持，這會大大影響這兩個角色在家庭中的分工與建構。

如果我們默認大多數成年就業男性遲早將成為父親的事實，那麼更新父職內容，並將其引入相關法律規定中，從本質上調整男性在職場上的生存節奏，讓他們有足夠的意願、時間、責任感與妻子共同分擔養育任務，已經成為一種迫切的現實選擇。

第九章

女性的未來只有當媽媽嗎？

母性幻想才是女性幻想的核心，對女性來說，來自內心的母性幻想，是束縛自己的最強烈幻想。

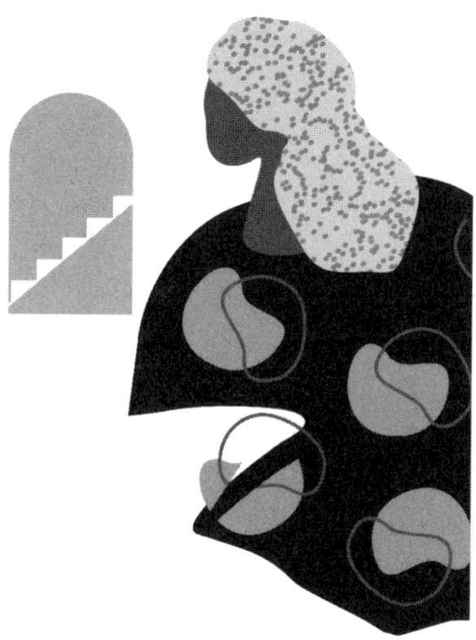

今天，隨著愈來愈多女性參與經濟活動，她們的財務能力、身分認同、自我期待等，都發生了本質上的轉變。

她們愈來愈確認，只有母親背負起所有的育兒職責，扮演「超人媽媽」，並不是一項長期且行之有效的策略。在母親的稱呼之前加上「偉大」「完美」等評語，事實上是期待女性能獨立完成所有的事，一邊鼓勵女性追求事業進步，一邊要求她們必須是一位有愛、有耐心，且具備各種能力的媽媽。

愈來愈多的女性嘗試釐清，社會要求女性做到什麼，而什麼又是自己內心真正想要達成的。她們開始思考：如何讓伴侶分擔更多家務，深度參與育兒的瑣碎工作？除去母親的角色，女性是否可以和男性一樣同時兼顧其他的社會身分？在家庭裡尋求支援之外，是否還有其他可向外探索、實現自我的辦法？

放棄一些母性的幻想

如果說每個男人小時候都有一個拯救世界的英雄夢，那麼很多女性在童年時，都曾經有過成為母親的幻想。玩家家酒遊戲時，把一個洋娃娃抱在懷裡，給它餵奶、講故事，再穿上各種漂亮的衣服，這大約是許多女性最初的母職實習。長大後，當一些女性成為母親，擁有了屬於自己的孩子，對他／她做著小時候在洋娃娃身上做過的事情時，一切都顯得順理成章，水到渠成。

這樣的初始印象，加上傳統文化的薰陶，讓很多女性都不免將與小孩有關的工作和職責歸到自己身上，並試圖親手營造溫馨、安寧的家庭環境，以符合社會和家人的期待。多年來，這都被認為理所應當。本書部分訪談個案在進入婚姻前，或是做母親之前，半數以上從未想過要求和丈夫平分家務，只是預設對方會承擔一部分「他會做的家務」。男性和女性在心理上的性別分工決定參與了家庭事務、投入育兒的程度。

很多女性雖然接受過良好教育，且擁有一份能支持自己經濟獨立的工作，依然會將育兒和家務的責任攬在自己身上。在教育專家的宣導之下，一些女性相信「三歲神話」，在競爭愈來愈激烈的社會裡，還有人將這樣的「神話」延遲至小學階段：考慮到啟蒙教育的重要性，由高學歷媽媽來全職輔導孩子學習，或是在其中扮演主要協調和教育的角色，內容包含蒐集各類輔導班資訊、培養學習習慣、準備升學考試、陪練樂器，等等。

即便是一些職場媽媽，也會以孩子的升學為優先來安排工作，主動調整，像是換一份能早下班回家、不用加班的工作，以便有更多精力投入孩子的課外輔導、學業加強。

而男性則不同，他們仍然會以工作角色為優先，家庭角色的扮演則可以是選擇性的，並不會被列為首要選項。甚至結婚後，在父權制的影響下，他們更加強化自己作為男性的社會屬性，將更多時間放在賺錢養家，並視之為理所當然。

這樣的男女搭配成了新時代的「男主外，女主內」，其中「內」「外」所隱含的意義不僅僅是家庭的內外，同時是男女在心理認知上、個人責任上的歸屬感：男性繼續保持向外追求，例如事業上的奮鬥拚搏、社交人脈的擴充等；女性則是更多向內探尋自己的身分角色，在由妻職、母職所搭建成的小世界中來回逡巡，一邊和孩子的成長緊密相繫，一邊思考應該如何保持自我。

女性在傳統的性別分工設定之下，容易帶入「我是媽媽，我一定可以」「別的媽媽能做，我也行」的雄心壯志，期待化身為育兒專家、廚藝能手、時間管理大師。正如日本社會學者落合惠美子在《二十一世紀的日本家庭：何去何從》中指出的，「母性幻想才是女性幻想的核心，對女性來說，來自內心的母性幻想，是束縛自己的最強烈幻想」。[38] 在追逐完美的過程中，女性容易將自我束縛在狹小的空間，逼迫自己忍受不適，甚至將苦痛視為必要的體驗。

例如，長期以來，分娩的疼痛是母性幻想的重要迷思之一。影視作品中經常出現的畫面是一個女人全身大汗淋漓，雙手用力抓住床沿，痛苦喊叫，五官扭成一團……事實上，在現代醫學進步發展下，這樣的畫面可以被隱入歷史中。無痛分娩已經是一項非常成熟和安全的醫療技術。但目前中國無痛分娩的整體普及率只有三〇%，相較英美等國家八〇%至九〇%的普及率，有相當大的差距。[39] 主要原因一方面是中國醫院和醫療體制設置的問題，產科麻醉還須大力改善和跟進；另一方面是產婦及其家人對無痛分娩的認知不足。

在傳統的觀念裡，女性分娩之痛是正常且必須忍受的，可以說是「為母則強」的第一道考驗。老一輩女性會以過來人的態度勸說，「生孩子難免會受罪，不忍一忍，怎麼能當媽媽呢？」。還有不少人會擔憂，打麻藥進行無痛分娩可能會影響胎兒的健康和生長發育，這讓許多女性出於種種顧慮而無法付諸實踐。事實上，這是一種醫學誤區。

在專家看來，無痛分娩的好處在於，可以幫助準媽媽在經歷煎熬的分娩陣痛時，對「還要疼多久」有所預期。這一預期可以在產程最艱難的時候成為心理支柱，一定程度上縮減產程，最終實現順產。[40]

另外，在很多女性根深蒂固的印象裡，母乳就是最好的選擇，對嬰兒的身心健康益處良多，既有助於建立親密的母嬰關係，還能降低嬰兒生病的機率。但母乳真的是媽媽們唯一的選擇嗎？本書第二章曾提到加拿大學者考特妮．瓊格對於母乳餵養的深度研究，她在拜訪世界著名的母乳哺育研究者後，得到專家的如下建議：母乳哺育帶來的不少功效，例如，降低肥胖、過敏的發生率等，實際上並不存在，而那些的確存在的功效也並沒有我們想像的那麼大。

影響嬰兒健康的因素有很多，例如母親的生育年齡、生活習慣、教育水準、經濟能力等。瓊格在書中強調：「人們可能把這些混雜因素產生的健康益處，都錯誤地歸因給了母乳餵養。」[41]

在她看來，哺育母乳對母親的困擾長期被忽視，尤其是職場媽媽：零碎的睡眠、價格不菲的吸奶器和哺乳服務等相關開支、在公共空間哺乳的尷尬、職場的歧視，更重要的是來自社會、親屬以及母親自身的道德壓力。

在本書的訪談對象中，小熊原本計畫母乳餵養至少一年時間，由於身體原因，在兒子三個多月大時便無奈暫停。她陷入沮喪情緒，不由自主地發出感歎：「我從來沒覺得自己這麼無能過。」如果母親們能正視其中的束縛與偏見，卸下道德枷鎖，回歸理智就會明白，母乳只是健康餵養方式的其中一種，並不是嬰兒的護身符或萬靈丹。如果母親們因為奶水少、疾病、工作忙碌等種種原因無法順利實現全母乳餵養，而採用配方奶來替代，也不應該為此深深自責。

中國的社會文化對女性存在著「母職天賦」的迷思，認為子女與母親之間有著更為緊密的連結，甚至在某些情感面向上，認為父親是難以替代介入的。

於是，對於母性的幻想不只在於女人可以生育、哺乳的生理功能，還將撫養一併視為女性與生俱來的能力。這些觀念依然存在於大多人的心中，讓男性在工作、育兒上做出理所當然的先後次序安排，把父親能做的和母親能做的事情明顯區隔開。

另一方面，很多女性也深深贊同「天降大任」於母親，在具體實踐中，常常抱持寧可自己動手，也不願放手讓男性試一試的態度——「他笨手笨腳的，還是我做起來比較快，比較好」。可以說，在兩性有意或無意的共同維護之下，「母職天賦」這一傳統的迷思得以在現代社會延續下來。如果不從根本上打破這一點，不平衡的育兒環境難以改變。

本書訪談的這些媽媽們，絕大多數與丈夫在育兒方面發生衝突後，都站在家庭關係和諧的角度，寄望對方能夠積極改變。一位有兩個孩子的媽媽認為，家庭成員中的愛是可以接力的。「例如對大寶愈好，愈讓他感受到無論發生什麼，父母都是愛你的，他愈能給予愛，對二寶也是一樣的。同樣地，如果丈夫給予妻子足夠的安全感並分憂解勞，妻子心情好了，兩個人才能無怨無悔、齊心協力地帶孩子。」

對目前只有一個孩子的母親而言，當問及未來是否會再生育時，除了經濟條件能否承擔之外，丈夫的育兒投入程度也是重要的考慮因素之一。

還有一些女性已經主動放下部分母性的幻想，不再冀望自己在育兒中「無所不能」。孟莉（四十歲，有一個四歲的兒子）說，不想因為總是在生活中扮演某某媽媽的角色，而慢慢失去自己本來的名字，也不想把大部分時間精力花在孩子身上，只以他的成就為成就，完全喪失個人的興趣和生活。她對此做出解釋：

（我）有孩子這件事情是一個深思熟慮的結果。我觀察過周圍很多朋友養育孩子的狀態。我想生孩子的時間相對比較晚，所以我是先知道了一些可能會有的不愉快，可能會承受的負擔，然後才決定生孩子。在成為媽媽之前，我完全沒有給自己立什麼目標。我覺得我是一個什麼樣的人，有了孩子以後大概還是同樣的一個人，也不指望我自己突然無所不能。

和孩子的相處就是我適應你一些，你也適應我一些。有些我不太願意做的事情，作為一個成年人，我可能會覺得（可以）理直氣壯一點。

因為我的人生也只有一次，你今年一歲、兩歲、三歲、四歲，好像覺得這個階段特別的寶貴，但是我的三十幾歲也很寶貴，我的中年也只有一次。

「放棄一些母性的幻想」，乍一聽到這個說法，妳可能會感到錯愕，難道是要女性捨棄偉大的母性，拋棄育兒的責任嗎？要知道，我們從不會吝嗇於對母親溫暖、包容和愛的一面進行讚美，只是希望她們在忙碌而複雜的現代社會中，能夠正視和尊重個人價值，捨棄一些不必要的束縛和枷鎖；鼓勵她們不再以「完美媽媽」為目標，而是將自己作為獨立個體，平等地站在孩子和丈夫身邊，共同創造一個平衡的養育環境。

退後一步：為父親們留出空間

很多夫妻以育兒為起始點，重新在婚姻關係中審視彼此。婚姻是一種契約關係，也是一種社會關係，以它為中心，重新定義了我們和父母、孩子、工作、金錢的關係——這些都是人生的重要砝碼，分散在天平兩端，讓彼此之間產生了隱密連結，任意拿走一樣，都可能會讓天平傾斜。

本書訪談的這些夫妻中，一半以上是由同學或是同事發展成為婚姻關係，雙方年齡相仿，比較像「朋友式夫妻」，因此遇到問題時，他們希望可以站在尊重彼此的角度，透過協商來解決。例如，韓冰發現女兒出生後，丈夫其實也承擔著一些隱形的壓力。在丈夫的傳統觀念裡，男人是養家主力，有責任讓老婆和孩子過上更好的生活。

共同育兒的過程讓原本自以為瞭解丈夫的她發現，兩人的觀念實際存在著巨大鴻溝。她認為夫妻在遇到問題時，進行嚴肅的溝通，甚或爭吵，都是很有必要的。大家透過坦率表達來縮減彼此理解的差異，女性不應該害怕在婚姻裡發出負面回饋，她對此解釋道：

我覺得在育兒中的任何付出，都要讓對方知道，哪怕只是簡單的購物採買、家庭活動安排等。這不是一種矯情，是很合理的。我以前總是把問題和解決辦法都攬到自己身上，孤身應對育兒，長期而言是行不通的。

不要害怕溝通、吵架，問題累積太多，長期下來，連架都懶得吵，可能真的就離婚了。當然如果能平和一點表達更好，要告訴對方妳需要在哪些方面被認真對待，而不是簡單地糊弄過去。

剛有小孩的兩年裡，我們吵過幾次。深聊後，我發現他也有難處。創業壓力很大，希望回到家裡看見老婆把孩子都搞定了，他能安安靜靜地享受一個溫暖的港灣，那我也能理解。他是第一次做爸爸，我也是第一次做媽媽，我們互相調整，互相支援。後來，我就練習在一些衝突形成之前，透過溝通或者是自我消化把它處理掉。

我們會發現，不論男女，都容易將自己對性別的固有認知運用於家庭分工的實踐之中。對職場女性來說，經典又俗套的一項提問是：「妳如何平衡工作和家庭？」而男性幾乎和這類問題絕緣，更不用對此做出任何回應。事實上，對於工作與家庭的平衡，不應該只由女性來面對和選擇。男性身為家庭的建設者、亦為孩子的家長，同樣可以思考這個問題的正當性，提出改善的建議，採取行動。

此外，女性長期獨自面對育兒工作，並不能成為家庭裡一勞永逸的選項，母親還可能因為過度的消耗，而被推入一個充滿限制的心理空間。落合惠美子在《二十一世紀的日本家庭：何去何從》裡提出「母原病」這一概念，即因母親而生的病。

由於受到母親的過度保護，小孩容易出現意想不到的生理或心理疾病，這背後的根本原因是：「當母親成為全職媽媽時，她們捨棄了原來的生活，沒有其他生活目的，把照顧孩子作為唯一的生存意義。這看起來好像是對孩子極其不錯的成長環境，反過來說，孩子也必須成為母親的生活目標」。[42] 另外，落合惠美子也提到，「母親自身社交網絡過於狹窄……如果幫助撫育小孩的人過少，也容易引發育兒焦慮症」[43]。

換言之，當社會普遍認識到由母親履行所有育兒責任會產生意想不到的負面效果時，大可突破傳統文化的制約，去思考新時代的育兒方式，例如，提高男性的育兒參與度，讓他們從承擔家庭經濟的職責中解放出一部分，讓男女的角色在職場、家庭裡重新排列組合。

例如，給男性延長產假而不是延長女性的產假，因為後者可能會讓女性遭遇更多的職場困境和歧視。而如果切換思路，讓父職從孩子一出生就能夠得到充分的用武之地，愈早開始磨合、建立和妻子之間的育兒分工模式，和孩子擁有親密的連結，愈有助於育兒的長期實踐。而且隨著孩子的成長，夫妻雙方在育兒過程中將不可避免地產生各種衝突，如果能夠在早期建立良性的溝通機制，就更容易理解彼此的顧念，即使有分歧，也能朝著求同存異的方向努力。

「媽媽把工作都做完了，爸爸就沒工作可做了啊，就像團隊裡如果有一個人特別能幹，必然就有人會偷懶。」談起如何讓另一半更積極投入育兒時，琪琪認為，妻子們必須策略性地向後退，才能為丈夫們留下發揮空間，讓兩人都可以兼顧工作和家庭。她和韓冰相似的是，都希望自己的點滴付出能被對方看見。她認為這是達成協作共識的第一步。

平時他工作忙，那就由我主要照顧（孩子），週末我就多休息，他多帶（孩子）。我們岔開時間帶孩子，不用總是一起行動。我以前看他帶孩子笨手笨腳的，就說「算了，還是我來吧」，後來想想，還是要多給（他）機會。夫妻之間沒有什麼不好意思的，太客氣了，壓抑（自己的）需求，也換不來什麼，對兩個人的長久關係來說，也不一定是健康的。合作帶孩子，就算到不了神仙隊友（的水準），至少不要做相互拖累的豬隊友吧。

最重要的是互相尊重，兩個人都要看到對方在家庭裡的付出，不能對一些日常的（事情）視而不見，想當然覺得，哦，這很正常啊！這沒什麼的！例如，找合適的兒歌、選繪本，都是自己先花時間聽了、看了以後再拿給小孩；還有買吃的、玩具、衣服，我都會在幾個購物網站上反覆比價再下單。我不說的話，他會覺得這些東西只要花錢，就能自動出現在家裡……帶孩子看起來是沒什麼大事，但這些細碎的（事情）其實特別花功夫。

隨著網路發展成長起來的一代習慣於透過網購、線上教育、線上家教溝通等形式來完成精緻化和密集的育兒工作。社會學者彭銦旎將之概括為「育兒中的數位化勞動」，她指出，其中包含大量隱性的、非物質化的勞動，涉及資訊、知識、溝通、協調、規劃與統籌等多方面，要求父母具備數位化相關知識和能力來滿足孩子的需求。

這些數位化勞動與父母在育兒中的體力和情感勞動互相交織，消耗父母的時間和腦力，並且呈現出隱密性、碎片化和繁瑣性等特點。彭銦旎深度調查研究、訪談了一四七位來自城市中產家庭的被訪者後發現，在大多數家庭中，母親承擔了大部分的數位化勞動。她強調：

「母親在育兒中付出的數位化勞動看似輕鬆，而掩藏其中的難度和瑣碎卻常常被忽視，數位化技術和社交媒體的運用並沒有將女性從繁重的育兒勞動中解放出來，反而帶來了一種新的育兒責任，並且強化了育兒分工的性別不平等。」[44]

例如，〈永不下班的職場媽媽〉一章裡提到的蕾陽，在她手機裡的一款社交軟體上，與孩子有關的聊天群組多達十三個。為了不錯過任何一條重要的訊息，她把這些群組全部設為置頂，常常在工作期間抽空處理訊息。不過我在訪談中發現，也有少數父親在數位勞動中承擔更多的工作，這也證明了母親的付出並非本該如此。想像中女性更擅長做的事情也不是一成不變的，父親們也可以主動參與，妥善安排。

琪琪和丈夫採取了「接力跑」的方法。互交「接力棒」的過程，亦策略性地鼓勵雙方做好時間和精力管理。讓爸爸們將育兒列入自己的日程表，才能達到共同分擔的效果。張琳則認為，可以在育兒項目採取合理分工，雙方做各自擅長的事情，這樣既能提高陪伴的品質，也能緩解單打獨鬥式的母職焦慮。例如，她因為學業問題和兒子的關係陷入僵持時，丈夫在其中的付出與協作，幫助她度過了低谷期。

孩子的爸爸主要負責運動，我主要負責學習。我體育不好，他喜歡運動，特別會陪玩，會陪著（兒子）去跑步，打球，幫他在學習之外，鍛鍊了身體，放鬆一下心情。我以前覺得他性格軟、和稀泥，很看不慣。我愛恨分明，什麼都需要一個明確的判斷標準，和他特別不一樣。後來發現他這其實是優點，事情就是有很多可能性的，小孩的成長道路也不是只有一條。育兒上，他從來不指責我，對我完全接納。我那時候工作壓力大，和兒子關係不好，身體也不太好。他督促著我一起運動，讓我能有張有弛，心裡也沒那麼焦慮、緊張了。

不論是接力式育兒，還是各自做更擅長的事，都是在設身處地為彼此考慮，踏出共同分擔的重要一步。如今，對於雙薪家庭來說，無論男女都是養家之人，為日用開銷、房貸、車貸買單付帳。這就為傳統的兩性分工撕開了一道裂縫，促使我們去思考，男女雙方應該如何為家庭創造財富，並共同承擔育兒的責任。柯林斯在《職場媽媽生存報告》中寫道：

「我所遇到最滿意的媽媽們，在工作及家庭策略各方面皆能夠獲得支持，且主流文化也鼓勵媽媽們和爸爸們兼顧有償勞動和育兒職責。

而最不滿意的媽媽們，則必須依靠市面上提供的服務來緩解自己的工作——家庭衝突，未能受伴侶的支持，且所在國的文化環境認為育兒就是女性的責任。」[45]

當爸爸們在家庭領域裡向前進一步時，男女在育兒中的勞動和情感付出，才有望達成一定程度的平衡；當我們不再用「偉大」「超人」等詞語定義母親時，她們才能得到真正意義上的鬆綁。

走出家庭：互助式育兒

「不要耗盡自己，借助科技、網路、書籍，也可以詢問有經驗、信得過的朋友，提前去尋求攻略和經驗，來幫助自己預判可能會出現的問題。」在育兒中，比起費盡心思、靠自己解決，孟莉更喜歡尋求外界的援助，不論是網路上的陌生人，還是身邊的朋友，這樣的作法，有助於學習實際的育兒技巧，也讓她感到，自己並不是獨自面對各種困難：

我兒子八個月的時候，晚上老是醒來。當我有一次在搜索框裡面輸入

「嬰兒八個月」，然後還沒有打完，就自動出現了一些關鍵詞，排在前面的幾個就有「八個月睡眠倒退」。然後我就笑了，因為我覺得這不是我一個人遇到的問題，這是一個普遍的問題，是絕大部分人都會遇到的問題。如果代換成孩子成長當中的很多其他問題，妳說出去的話，就會發現大家都是這樣，妳不是孤單的……

從個人的經驗出發，看見並承認一些問題的普遍性，是互助式育兒的初級表現形式。隨著孩子的成長，學習、社交活動的需求變得愈來愈大。如何讓孩子一出家門就能在社區中找到玩伴？媽媽們又如何在大城市中找到抱團取暖（編按：此處指住在同社區的媽媽們透過在育兒上的彼此協助獲得慰藉）的管道，緩解教育的焦慮？不妨走出家庭的小環境，多參與一些公共性的組織。

例如，由幾個全職媽媽集結起來，在社區內部組織繪本共讀、手做活動，讓孩子們在放學後、假期中有處可去，緩解家庭的部分養育壓力，解放母親們的勞動力。除此之外，還可以把教育理念相近的四、五戶人家結合起來，在假期或是週末集中育兒。例如秦雲（四十歲，有一個十歲的女兒）因為不想讓各種機構的才藝班填滿女兒的課餘時間，便和三個朋友商量成立了一個鬆散的「育兒共同體」（編按：臺灣與之近似的團體稱為共學團），先是定期在週末輪流給孩子講解古詩詞、數學、歷史等知識，由於上課場地不固定等因素，之後改為組織近郊健走等戶外活動。

她認為育兒並不侷限於一個個獨立的小家庭中，和志同道合的朋友聚在一起，既可以幫助緩解媽媽的教育焦慮，也能讓爸爸們更完善地參與，進而促進家庭成員溝通情感的機會：

一開始我們是每兩週找個時間，上些學校裡沒有的課程。有個媽媽喜歡古詩詞，她會給孩子們講講詩歌和詩人的故事；有個爸爸在博物館做研究工作，會講一些歷史知識……時間長了發現很難持續。一是場地不好找，特地租一個的話，北京的價格不便宜。另外是同一個內容講多了，要講出新意，還要有專業性、知識性、趣味性，就很難。加上孩子們年級慢慢高了，週末作業也不少，再上課的話，他們也累。所以我們後來就改成戶外活動。

爸爸們對健走的參與度都非常高，我老公也很喜歡。有的時候家裡面鬧彆扭，其實很難在家庭裡面自動解決，吵來吵去又吵回原來的那個問題了……一起出來玩，好像家庭衝突也能慢慢得到解決，大家聚在一起，爸爸們會去學別人，看其他爸爸怎麼帶孩子。健走的時候，通常都是爸爸走在前面。小孩們也知道媽媽們落在隊伍後面能管好自己就不錯了，（他們）都要靠爸爸保護。碰到不太好走的地方，爸爸們一個個地（把孩子）抱下來。我站在他們下面，看著這個畫面，覺得還是挺感動的。

朱虹（三十九歲，有一個八歲的兒子）和社區中的四位鄰居成立了相似的「育兒共同體」。起源是年齡相仿的幾個小朋友相約一起做寒假作業，慢慢演變為家長們將孩子定期組織起來，發揮各自的專業特長，帶領著他們一起學習和運動。後來也遇到了和秦雲相似的問題——課程內容難以系統和持續化。然而朱虹並不為此感到遺憾，她認為「上課」並不是團體育兒的重點。為孩子們創造一個快樂的成長氛圍，家長們在育兒中獲得友誼，

「大家聚在一起，然後解決問題」才是更難得、更寶貴的事情：

開始是寒假的時候沒地方去，三、四個小朋友就固定在一個鄰居家裡一起做作業。通常做完作業後，大家到社區附近的免費小公園裡面去做一些戶外運動，騎車、跑步、踢球、打籃球等，主要是爸爸們輪流帶領。我們幾個小孩的父母，有的是大學老師，有的是記者，就把孩子們組織起來上課，科學啟蒙課、創意寫作課等。上課的內容也沒有那麼具體，（我們）也都是在摸索著。孩子的年齡有差異，如果聽得懂就聽，聽不懂的可以在旁邊做自己的事。

我們還在社區裡舉辦過小規模的音樂會。小朋友有的拉小提琴，有的打電子鼓，有的彈電吉他。由一個鄰居爸爸統籌協調，制訂出演職員表，找時間組織大家排練。他還特地向居委會申請了一塊社區裡的空地來辦（音樂會），最後辦得很圓滿。孩子們比我們想像中表現得還要好，都很投入，家長們也覺得很開心。如果不是一起帶孩子，（若非）有這次音樂會，很多人可能都只是點頭之交吧。這場音樂會真是孩子們送給我們的禮物。

比起重新發現社區，以社會力量引入「互助式育兒」，集體帶孩子更是挖掘居家環境周遭的「小社區」。有著相似教育背景、育兒理念的城市父母試圖為孩子在家庭和學校之外，創造一個親和、團結、有愛的成長環境。

居住區域提供了便捷的地理環境，容易形成一個長期穩定的小團體。小團體中的孩子們混齡相處，自然而然地感受到形形色色的人際網絡，可以建立更為豐富的人際關係。例如，年齡小的孩子會向大孩子學習社交技能，大孩子會主動幫助弟弟妹妹們，盡力表現出可靠、有禮貌、能獨立處理小問題的一面。這是在僅有一個或是兩個孩子的家庭中，難以發展出的社交網絡和行為模式。

而一些工作極其忙碌的職場媽媽們常常對週末的帶孩子「工作量」感到格外疲累，結伴育兒既能解放她們部分的勞動力，也能讓她們在小團體中觀察到爸爸們不同於平日在家庭中的一面。

例如，在秦雲看來，丈夫在外帶孩子表現得比在家裡的參與度更高，她分析道：

平時家裡比較多的都是生活照顧上「比較細緻的細節」，沒有太多他發揮的空間。出了家門，他能做的事情變多了。尤其是健行這種比較陽剛、更需要力量的事情，他會很投入。一開始我還挺驚訝的。

對一些全職媽媽而言，互助或是集體育兒幫助她們走出家庭，和附近建立緊密連結，看見一些公共性的活動，也看見男女育兒分工的可能性；同時意識到，育兒並非一個人在狹小空間裡的單打獨鬥，可以借助更多不同的教養方式，在一個較為開闊的環境裡進行。

不生，還是生一個、兩個？

上一代的女性通常認為，如果一個女人這輩子不生個孩子，就是不完整的。而這一世代的女性愈來愈傾向於降低這兩者的相關性。愈來愈多的女性意識到，生育是一條分水嶺；當驗孕棒上出現兩條紅線時，人生像是走到了十字路口，開始隱隱擔憂生育對於職涯發展、自我身分認同帶來的影響。

那麼，在這個時代裡，女性的個人價值究竟依靠什麼來體現？工作？家庭？還是兩者兼顧？美國作家珍妮·賽佛（Jeanne Safer）在決定不生育後說出了這樣一段心聲：

「真正的自我接受，真正的解放，都需要清醒認知自身的侷限，而非自以為是地否認其存在。不管有沒有生養子女，女性都可以實現自我；妳不用擁有一切，也可能擁有足夠豐富的人生；這是事實，也應該被認清。」[46]

孟莉三十六歲時才選擇成為母親，生育這一選項並不在他們夫妻先前的計畫範圍之內。她認為，有一份自己熱愛的工作，又與伴侶感情融洽，並不需要再透過一個「愛的結晶」來讓兩個人的關係更為牢固，也不需要追隨「因為孩子，一個女人才完整」的傳統觀念，女性應該「自己足夠完整了才做母親」。

琪琪三十一歲時成為母親，這是她一直盼望的事。而在放下工作照顧孩子的兩年多時間裡，她感到自己逐漸遠離主流的生活，和丈夫的職涯發展之間出現明顯差距。她為此焦慮乃至失眠。她沒有預料過自己會因為生育而付出這般代價，坦言如果提早知道的話，「一定不會中斷工作」。

韓冰一直在工作和育兒之間反覆掙扎。她想做一個顧家的好媽媽，也想在事業上更進一步。當雙方父母不約而同地提出「再生一個，湊個好字」，考慮到自己身處職涯發展的關鍵期，她拒絕了這一充滿風險的要求。

周周決定不再生育第二胎。身為獨生子女，她和丈夫將來需要擔負起奉養四老的責任，「如果再來一個小的，我們壓力太大了」。

因為工作需要，詠兒和丈夫分居兩地，短期看不到團圓的可能性，她坦白說：「他連家都顧不上，我怎麼想第二胎這件事？」

而在丈夫積極投入「第二輪班」，共同分擔育兒工作後，全職媽媽吳思漸漸擁有了個人的時間。她開始一邊在朋友的公司遠端兼職工作，一邊備孕第二胎。

進一步而言，生育不再是限於家庭內部的決定，它牽涉職業女性的保障政策、養老福利、夫妻權利關係、職場文化等多方面因素。它們相互作用，讓這個時代的婚育問題變成一個個不再非黑即白，也不再僅僅落在女性身上的問題——結婚還是不結婚？生孩子還是不生？如果生孩子，是生一個、兩個還是三個？就像落合惠美子所言：

「人們在不同時期做出不同的選擇，從與結婚和生育相關的情況來看，可以預想未來會出現比現在更多類型的生存方式……如果不是因為孩子可以帶來經濟效益（將孩子作為資本），不是因為大家都生（現代家庭規範）的話，人變得自由後就必須自己找出生育孩子的理由。因為高興所以生孩子（將孩子作為耐用消費品），如果用更冠冕堂皇的理由就是因為養育孩子本身使人擁有了無可替代的人生體驗，最終也許就只能是這個理由了。」[47]

本書中深度訪談的這些女性，都會為生育或是暫時不再生育找到一個理由。無論是用來開導自己，還是說服家人，這都是在父權制度下，嘗試重新建立家庭性別分工的第一步，也開啟更加看重自我實現的價值、更多爭取「為自己而活」的序幕。

女人的未來

美國著名社會學家賴特・米爾斯（*C. Wright Mills*）在一九五〇年代提出「社會學的想像力」，即將個人境遇想像為公共議題，在歷史中看見個人與社會交織互動的細節，也可以稱之為一種獨特的「心智品質」。[48] 擁有這樣的心智品質，可以讓我們普通人的眼界、力量不再限制於自己生活其間的私人圈子，工作、家庭、鄰里的那一畝三分地。

米爾斯的這一概念給予了我靈光一閃的啟發，如果女性首先從工作和育兒難以平衡的困擾中清醒過來，將私人領域中遇到的種種困難與掙扎，放在大環境下交織互動，便會認識到一個母親遇到的問題，不僅僅是家庭的問題，也是城市的問題，更是所在社會系統中龐大而普遍的問題，是社會對於一個女性習以為常的規訓。

意識到這一切時，女性彷彿在一間本已熟悉的房子裡驚醒，周圍所有的家具、擺設都沒有改變，卻開始透過千篇一律的日常生活，跳出既有的框架去思考——何為母性？是否可以不再重蹈上一輩女性的覆轍，主動為自己的人生爭取更多可能性？

當女性的眼界不再侷限於狹小的廚房和嬰兒床邊，就會發現個人的選擇和努力鑲嵌於時代的齒輪運轉之中，成為母親所遭遇的困境有時和個人的能力無關，而是與社會發展、生育政策等有著密不可分的關係。換言之，如果沒有履行母職的友好環境，女性必然會感到困難重重，並容易陷入自我懷疑之中。

隨著歷史的變遷，母職的內容也產生了巨大變化。一九四〇年代，接受過良好教育、參與社會性工作的女性為極少數，母職的主要內容是家務、照顧孩子，多數時候靠男性實現家庭經濟的供給，是典型的「男主外，女主內」模式。五〇至七〇年代，「時代不同了，男女都一樣」，愈來愈多的女性參加工作，用自己的勞動撐起了半邊天，可是落在母親身上的撫育工作從未減少。

八〇至九〇年代計畫經濟開始轉型後，愈來愈多的單位制企業*取消了廠辦托兒所、幼兒園，照顧嬰幼兒的任務再次落在工作的媽媽們身上，很多女性在成為母親後，家務與一日三餐的繁瑣消磨了她們對事業發展的追求與嚮往。

而隨著二〇〇〇年之後消費主義帶來的文化轉型，社會對於母親們又提出了進一步的要求，不僅需要她們在生活上做個優秀的照顧者，還要在孩子的認知啟蒙和教育上做個稱職的「家庭教師」。這樣的轉變：

「對『工作母親』無異於釜底抽薪，使得『工作者』和『母親』的雙重身分衝突加深。隨著數十年來市場改革的逐步深化，母親的雙重身分被資本的力量往精細化的方向，以更深層的力道推進。」[49]

從女性的個體經驗而言，在工作和育兒的雙重使命之間不斷切換，不僅需要付出大量時間和精力，還時時體驗著兩者之間的拉扯，很多女性會在內心深處一遍又一遍地擔憂自己做得尚不足夠。儘管借助現代科技的發

＊ 單位制為中國獨特的社會組織結構，結合黨政、勞動場所與社會福利之制度性安排。自五〇年代後期開始，城市中幾乎所有新成立的社會組織皆須賦予單位制的要素。單位制企業即為其中之一。

達與便捷，在家務勞動上，女性看似得到很大程度的解放，但是由於當代母職更加強調教養的「教」，為了培養出一個世俗意義上的好孩子：成績優秀、考入名校、獲得一份好工作，都要透過教育來實現階層的流動、躍升。

這讓很多中產階層的高知識女性紛紛陷入焦慮之中。她們感到自己與孩子的成長榮辱與共，孩子的成功是家庭的成功，而孩子的失敗則讓她們忍不住責備自己，「是我工作太忙了，沒有盡到一個母親對孩子的責任」。對於放下事業、全身心投入育兒的全職媽媽而言，她們迫切希望將自身的實力和競爭力傳遞給孩子，在下一代身上結出豐碩的果實，而她們自己則會在漫長的育兒中，漸漸失去姓名。

近年在社交媒體上走紅的蘇敏阿姨，把大半人生放在家庭中，待年屆半百時才下定決心要真正為自己活一次，孤身一人開啟全國自駕遊。蘇敏阿姨「離家出走」的決定讓結婚幾十年的丈夫無法接受，也在網路上掀起熱議。可在她看來，這是一件到了這個年紀必須要做的事情，她形容自己三十年的婚姻就像「從一個隧道進入另一個隧道，昏暗、無聲、壓抑」，在為人妻、為人母後，主動關上想像力的大門。直到確定這一切不可忍受且無須再忍時，她才下決心找回曾經錯過的廣闊世界。

而她所做的一切無法喚起伴侶的理解和支持。女性「為自己而活」終究是一場屬於個人的救贖，是單方面自我主體意識的覺醒。蘇敏阿姨的出走引起許多女性的共鳴，也在她們心間重重敲了一記。

重新端詳自己的人生，在母職的高牆上鑿開一扇小門，走出去，由此看見一片新天地，這恰好符合米爾斯對於想像力的定義：「所謂想像力，就是有能力從一種視角轉換到另一種視角。」[50]視角的轉變，或許可以幫助釐清諸多問題的癥結——除了作為妻子、媽媽之外，她想要成為怎樣的「女性」？

不再將「媽媽」的身分永遠排在人生序列的最前面，轉而先去安頓好自己，讓伴侶看見自己的需求，認識到家庭的幸福不應該建立在女性個人生活的缺憾上，微小的改變會隨著觀念的扭轉而逐一慢慢發生。

當女性放下自責和內疚，從總是感到難以平衡的生活中清醒過來，借用米爾斯的靈光，打開想像力的大門，在現代社會的節奏中，嘗試著更新傳統母職的內容，向外連接一切可以連接的力量，提高另一半的育兒和家務參與程度，調整彼此的工作節奏，讓工作與家庭的平衡成為男女雙方一起面對、思考和改變的現實難題。

當女性主動嵌入行動寬裕的環境，不再做那個永遠站在問題中心的人；不再因為母親這一角色而處處受限，或是無意識地主動為自己設限，疲於應對，付出難以想像的代價；當女性面臨共同的精神困境，將所遭遇的問題本質撕開，在負累與掙扎裡找到出路的開端，便會自然而然地發現，很多事情並不是理所當然的。過去人們告訴一個女性應該要做到的事情、一定要完成的任務、必須成為的模樣，在今天是可以被重新審視、重新討論、重新構建的。

或許本書無法給出回應這一切的答案，卻依然希望能溫柔地提醒每一位疲憊的母親，現代女性不需要成為一個無所不能的人，應該適當做一些「減法」，清楚自己正處於怎樣的時代，從哪裡來，將要往哪裡去，如何處理家庭中的男女分工，如何面對複雜的世代隔閡，如何看待不斷變化的社會環境對於養育子女的影響……從現實生活中得到喘息，在想到未來時，不至於喪失勇氣。

從這個角度出發，本書所記錄的並不是一個或兩個女性的聲音和訴求，而是想透過她們看到這個時代裡女性群體的認知變革。一個女人的未來一定是媽媽嗎？要做一個怎樣的媽媽？是成為以一當十的完美媽媽，還是承認世上不是只有媽媽好？

提出這一連串的問題當然是彌足珍貴且充滿省思的，然而如果僅僅止步於此，還不足以解決諸多女性的現實困境。畢竟，擺在我們面前的事實是：撫育孩子是一個龐大的系統工程，只有母親的無私和奉獻是獨木難支的，僅僅依靠女性在其中維持平衡，是脆弱且難以為繼的，還需要家庭、社會、市場、國家的共同協力。如果能夠有更多的外界力量湧入女性的生命中，在她們需要支援的時刻，給予寬容與慷慨，她們便不會常常感到自己缺乏力量、毫無選擇。

附錄一

第一章

1 本書將所有受訪者的姓名等個人身分資訊隱去，使用化名，將所有可能辨識身分的細節改寫或是略去以保持受訪者的匿名性。

2 安・奧克利：《看不見的女人：家庭事務社會學》，汪麗譯，南京大學出版社，二〇二〇年，第二頁。

3 上野千鶴子：《父權制與資本主義》，鄒韻、薛梅譯，浙江大學出版社，二〇二〇年，第三二頁。臺灣譯本《父權體制與資本主義》。

第二章

4 《第四期中國婦女社會地位調查主要數據情況》，《婦女研究論叢》二〇二二年第一期。

5 威廉・西爾斯等：《西爾斯親密育兒百科》，邵豔美等譯，南海出版公司，二〇〇九年。臺灣譯本《**The Baby Book** 親密育兒百科》。

6 蕾切爾・卡斯克：《成為母親：一名知識女性的自白》，黃建樹譯，上海人民出版社，二〇一九年，第一四六頁。

7 奧娜・多納特：《成為母親的選擇》，林佑柔譯，北京聯合出版公司，二〇二二年，第一四六頁。臺灣譯本《後悔當媽媽》。

8 考特妮・瓊格：《母乳主義：母乳餵養的興起和被忽視的女性選擇》，張英傑譯，廣東人民出版社，二〇二二年，第七八～七九、八〇頁。

9 阿爾弗雷德・阿德勒：《自卑與超越》，馬曉佳譯，民主建設出版社，二〇一七年，第一〇二頁。

10 上野千鶴子：《父權制與資本主義》，第三二頁。

11 艾德麗安・里奇：《女人所生：作為體驗與成規的母性》，毛路、毛喻原譯，重慶出版社，二〇〇八年，第二四頁。

12 艾德麗安・里奇：《女人所生》，第三七頁。

第三章

13 智聯招聘：《二〇二二年中國女性職場現狀調查報告》，二〇二二年三月。

14 凱特琳・柯林斯：《職場媽媽生存報告》，汪洋、周長天譯，上海人民出版社，二〇二〇年。

15 沙尼・奧加德：《回歸家庭？家庭、事業與難以實現的平等》，劉昱譯，廣西師範大學出版社，二〇二一年，第五五頁。

16 阿莉・拉塞爾・霍克希爾德：《職場媽媽不下班：輪第二班與未完成的家庭革命》，肖索未等譯，生活・讀書・新知三聯書店，二〇二一年，第八～九頁。臺灣譯本《第二輪班》。

17 阿莉・拉塞爾・霍克希爾德：《職場媽媽不下班》，第一五九頁。

第四章

18 西蒙・波娃：《第二性（紀念版）》，鄭克魯譯，上海譯文出版社，二〇二一年，第二五四頁。

19 上野千鶴子：《父權制與資本主義》，第一八三頁。

20 西蒙・波娃：《第二性》，第四四二頁。

21 中國婚姻家庭研究會、中國婦女發展基金會、廣東省唯品會慈善基金會：《十城市單親媽媽生活狀況及需求調研報告》，二〇一九年五月。

第五章

22 沙尼・奧加德：《回歸家庭？》，第一四五頁。

23 沙尼・奧加德：《回歸家庭？》，第一七一頁。

24 轉引自曹永梅、任曉娟：《人性化護理對產婦產後焦慮與抑鬱評分的影響》，《山西醫藥雜誌》，二〇一九年第二二期。

25 奧娜・多納特：《成為母親的選擇》，第一二六頁。

26 《學者沈洋：家務不應變成被愛掩蓋的無償勞動》，《澎湃新聞》，二〇二一年二月二十五日，http://www.thepaper.cn/news Detail_forward_11458534。

27 《職場媽媽生存狀態調查報告》，《光明網》，二〇二一年五月九日，http:// m.gmw.

cn/baijia/2021-05/09/1302281368.html。

第六章

28 中國《國家衛健委：全國〇至三歲嬰幼兒中三分之一托育服務需求比較強烈》，《新華網》，二〇二一年七月二十一日，http://www.xinhuanet.com/politics/202107/21/c_1127679834.htm。

29 凱特琳·柯林斯：《職場媽媽生存報告》，第四五～五一頁。

30 烏爾利希·貝克：《個體化》，李榮山等譯，北京大學出版社，二〇一一年。

31 閻雲翔：〈『為自己而活』抑或『自己的活法』——中國個體化命題本土化再思考〉，〈探索與爭鳴〈二〇二一年第一〇期。

32 中國國家衛生計生委家庭司：《中國家庭發展報告（二〇一五年）》，中國人口出版社，二〇一五年。

33 安·奧克利：《看不見的女人》，第二六三頁。

第七章

34 艾爾弗雷德·懷特海：《教育的目的》，徐汝舟譯，生活·讀書·新知三聯書店，二〇〇二年，第一二頁。

第八章

35 參看杜鳳蓮：《時間都去哪兒了：中國時間利用調查研究報告》，中國社會科學出版社，二〇一八年。

36 Michael E. Lamb, The Role of the Father in Child Development, London: John Wiley &Sons,1976.

37 阿莉・拉塞爾・霍克希爾德：《職場媽媽不下班》，第二七七～二七八頁。

第九章

38 落合惠美子：《二十一世紀的日本家庭：何去何從》，鄭楊譯，社會科學文獻出版社，二〇二一年，第一三七頁。

39 截至二〇二〇年，中國九百多家試點醫院無痛分娩的普及率已達五三％。但調查研究資料顯示，儘管有八二％的人表示願意選擇使用無痛分娩，但中國無痛分娩的整體普及率只有三〇％，仍有近七成女性承受著分娩疼痛。參看《無痛分娩全國試點醫院普及率達五三％，但三六％民眾存在認知空白》，《澎湃新聞》，二〇二二年十月十一日，http://www.thepaper.cn/news Detail_forward_20247983。

40 《正視分娩疼痛遠離分娩恐懼》，《北京科技報》，二〇一八年五月二十一日，第三六版。

41 考特妮・瓊格：《母乳主義》，第八三頁。

42 落合惠美子：《二十一世紀的日本家庭》，第八四頁。
43 落合惠美子：《二十一世紀的日本家庭》，第一八四頁。
44 Yinni Peng,Gendered division of digital labor in parenting: A qualitative study in urban China." Sex Roles, vol. 86 (2022), pp. 283- 304
45 凱特琳．柯林斯：《職場媽媽生存報告》，第三八頁。
46 梅根．多姆編：《最好的決定》，於是譯，人民文學出版社，二〇二一年，第二二七頁。
47 落合惠美子：《二十一世紀的日本家庭》，第一九二～一九三頁。
48 賴特．米爾斯：《社會學的想像力》，李康譯，北京師範大學出版社，二〇一七年，第三一九頁。臺灣譯本《社會學的想像》。
49 施芸卿：〈當媽為何難——社會變遷視角下的『母親』〉，《文化縱橫》二〇一八年第五期。
50 賴特．米爾斯：《社會學的想像力》，第七頁。

國家圖書館出版品預行編目（CIP）資料

母職永不下班，但我累了：孩子的成長只有一次，媽媽的人生也是 / 泓舟著. -- 初版. -- 新北市：臺灣商務印書館股份有限公司，2025.02 面； 公分. -- (Ciel)

ISBN 978-957-05-3604-1(平裝)

1.CST: 女性傳記 2.CST: 母親 3.CST: 訪談

782.228 113019993

Ciel

母職永不下班，但我累了

孩子的成長只有一次，媽媽的人生也是

作　　者　泓舟
發 行 人　王春申
選書顧問　陳建守、黃國珍
總 編 輯　林碧琪
副總編輯　何珮琪
責任編輯　陳淑芬
特約編輯　張維君
封面設計　陳姿妤
內頁設計　陳姿妤
業　　務　王建棠
資訊行銷　劉艾琳、孫若屏
出版發行　臺灣商務印書館股份有限公司
23141 新北市新店區民權路 108-3 號 5 樓（同門市地址）
電　　話　（02）8667-3712　　傳真：（02）8667-3709
讀者服務專線：0800056196　　郵政劃撥：0000165-1
E-mail：ecptw@cptw.com.tw　　官方網站：www.cptw.com.tw
Facebook：facebook.com.tw/ecptw

原書名：《我不想成為偉大的母親》作者：泓舟

局版北市業字第 993 號
初　版　2025 年 2 月
印刷廠　鴻霖印刷傳媒股份有限公司
定　價　新臺幣 450 元

法律顧問　何一芃律師事務所